検証 政治とカネ

――「政治改革」20年は何だったのか

藤沢忠明

本の泉社

目次

Ⅲ

Ⅳ

Ⅴ

まえがき

六十五歳を過ぎ、赤旗記者生活も四十年を超え、何か記念になるものをと考え、『前衛』や『月刊学習』などに、おもに「政治とカネ」の問題で書いてきた論文のなかからいくつかを選んで、まとめてみることにしました。

本書の構成は次のようにしました。

1、二〇〇〇年代前半のもの。九〇年代、リクルート事件後の佐川・暴力団疑惑、ゼネコン汚職など相次ぐ金権・腐敗事件への国民的批判の高まりのなかで、「政治改革」の名のもとに、企業・団体献金は二〇〇一年一月から、政治家個人に対しては禁止となりました。しかし、政党支部はＯＫなどの「抜け道」が作られました。

2、「政治とカネ」問題の噴出で、退陣した第一次安倍政権。

3、安倍首相の再登場。「企業・団体献金の禁止」を建前に政党助成制度が導入されました。しかし、導入から二十年を経過して、政党の堕落・腐敗の温床となっているなど、その害悪が浮き彫りになってきました。同時に、財界は企業献金あっせんの再開に乗り出すという無反省ぶりです。

4、二〇一一年三月の東日本大震災によって引き起こされた東京電力福島第一原発事故は、「原発安全神話」の崩壊を決定的なものにしました。「しんぶん赤旗」は、さまざまな角度から「原発利益共同体」の対米従属の構造、利権にしがみつく癒着の構造に迫ってきましたが、その成果をまとめ、整理した『原発の闇　その源流と野望を暴く』（新日本出版社、二〇一一年十月）に書き下ろした第一章を掲載しました。

5、政官財・マスコミを総汚染したリクルート事件と同時期に進行していた中曽根康弘元首相側近のインサイダー疑惑に迫ったものです。

文章は、基本的に発表時のままですが、誤字など最低限の訂正をしました。

本のタイトルは、「検証　政治とカネ『政治改革』20年は何だったのか」としました。

振り返れば、赤旗編集局に入局した一九七六年は、ロッキード事件で田中角栄が逮捕された年です。そんなこともあってか、「政治とカネ」の問題に取り組むようになりましたが、政治家の政治資金を調べるために自治省と警察庁が入っていた旧人事院ビルの薄暗い一室で、政治資金収支報告書を閲覧したことを、懐かしく思い出します。

本書が、政治をカネの力でゆがめる企業・団体献金の禁止、国民の税金を食いものにし、政党を堕落・腐敗させる政党助成金制度の廃止など、金権・腐敗追及の課題にとって、少しでも役に立てば、さいわいです。

これまでの記者活動を支えてくれた妻朋子はじめ、家族、先輩、同僚、日本共産党国会議員団の金権・腐敗追及チームなど、多くのみなさんに心から感謝の言葉を送りたいと思います。

二〇一七年八月

藤沢忠明

I

「議席」を買う自民党の〝党費〟闇献金を問う

自民党参院議員の久世公尭・前金融再生委員長が、三菱信託銀行から二億三千万円もの利益供与を受けるなど、特別の癒着関係にあったことから辞任した問題をきっかけに、自民党参院比例候補の「党費立て替え」問題が表面化しました。

当選につながる比例選挙の名簿登載順位をあげるために、支持団体が「党員名簿」を提供し、その団体や企業が「党費」を肩代わりする――。

党費名目のヤミ献金で議席を買うという議会制民主主義を汚す許しがたい行為であり、徹底的な真相解明が求められています。

久世氏は「党費立て替え」を主張

久世氏は、七月三十日の金融再生委員長（金融担当相）辞任の記者会見で、九二年の参院選の際、マンション業界最大手の「大京」から資金提供を受けたことについて、「自民党の比例代表の選挙は膨大な党員数を集めなければならない」とのべ、次のように語りました。

「古くから付き合いのあった（大京の）社長で、霊友会の顧問格だった横山（修二）さんに頼んで、霊友会や自民党員の社員三万三千三百三十三人分、ちょうど一億円の党費を支払ってもらった」

まさに、「三万三千三百三十三人」という「党員」は、自分で党費を払ったわけではない、「幽霊党員」だったということになります。

これにたいして、自民党総裁でもある森喜朗首相は、「大京からの資金は自民党本部の管理費として自由民主会館に寄付されたもので、個々の議員に支出されることはあり得ない」（八月二日、衆院予算委員会）などと久世氏の言い分を全面的に否定しました。

ところが、久世氏は、八月四日の記者会見でも、「大京社長が支援団体『霊友会』の顧問格だったので、党員の協力をお願いしたことは事実だ。大京側には党費として（一億円の）

協力をお願いした」「（一億円は）党費として充てたと思っている。（事後に大京側からも）そのように支払ったと聞いた」と「党費立て替え」だったことを、あらためて主張しました。

森首相は、八月六日夜、都内のホテルの日本料理屋で参院自民党の村上正邦参院議員会長、青木幹雄幹事長と懇談し、大京からの「一億円」の性格について、「自由民主会館への寄付だった」とする首相答弁を維持し、久世氏の勘違いだということで乗り切ることで一致、七日の参院予算委員会でも同様の答弁をくり返しました。

このように森首相はじめ自民党幹部が、大京の「一億円」について、自由民主会館への「寄付」とくり返すのは、久世氏の言い分どおりだとすれば、自民党が党費名目で企業・団体からヤミ献金を集めていたことになるからです。八日には、大京の横山元社長が「（一億円は）久世氏への支出ではなく、自民党への寄付」などとする森首相らの意向にそった文書で回答してきたことを、大京側が明らかにしました。

しかし、久世氏はその後も、「自由民主会館への寄付であったというのは初耳だ」（四日の会見）などと、党費を大京に立て替えてもらったとの自説を撤回していません。四日の会見では、「大京」だけではなく、霊友会からの二億五千万円にのぼる借入金についても、「九二年、八六年選挙での党費のためだ」とのべ、霊友会による党費負担だったことも認めています。

だいたい、久世氏のいうように党費が自民党に納められたからこそ、九二年の参院選で久世氏は自民党比例名簿の当選可能な十四位（十九位まで当選）に登載されたのです。森首相や自民党は、八月九日で臨時国会が終わったから「逃げ切った」つもりかもしれませんが、真相はいまだに解明されていません。

久世氏だけではない

久世氏自身、「党員を集める資金は、その親団体が党費（の面倒）を見ることになっている」（七月三十日）とのべているように、自民党参院比例候補の「党費立て替え」、党費の名目でのヤミ献金は久世氏だけのことではありません。

たとえば、九二年参院選に久世氏とともに立候補、比例名簿一位で当選した建設省出身の井上孝元国土庁長官は、日本土木工業協会の主要会社三十数社に二万人の党員を集めてもらい、党費も肩代わりしてもらっていたことが明らかになっています。

「ゼネコン3社が自民党費を肩代わり参院比例選候補の井上国土長官ら十数人」との見出しの「読売」九三年七月十一日付によると、党員集めをゼネコン各社に頼んだのは、井上氏だけではありません。野沢太三参院議員（旧国鉄施設局長）ら公共工事の発注官庁である建設、運輸、農水などの各省と関係の深い議員で、ゼネコン各社は「社員や下請け業者らの名を借り、候補一人につき百人から千人分、合計約五千人を党員に仕立てた」「候補数人から依頼され、一人当たり二百人から千人（を入党させた）」「候補二人の頼みに応じて合計約二千人」といいます。

同記事は、「あるゼネコンの経理担当者によると、こうした肩代わりは、昭和五十八年（一九八三年）、比例代表制が導入された当初から行われていた。以後、参院選ごとに、立候補予定者側から党員集めの依頼が持ち込まれた」と、常態化していることを指摘しています。業界団体による「党費立て替え」はゼネコン業界だけではありません。

全国約一万八千七百局の特定郵便局長らでつくる全国特定郵便局長会（全特）は、自民党の有力な集票組織で、毎回の参院比例選で、岡野裕元労相（当選三回、郵政省人事局長）、岡利定参院議員（同二回、郵政官房審議官）の両郵政官僚ＯＢの応援をしてきました。

岡氏が再選をめざした九八年参院選では、局長一人につき、党員十人と、その党費四万円（一人四千円）が割り当てられました。党員十八万人としたら、党費約七億二千万円――。岡氏の比例順位は、九五年の岡野氏の「二位」には及ばなかったものの「三位」と当選確実の高順位に位置づけられました。

「電力・エネルギー業界からの統一候補」として、九八年参院選で初当選した加納時男・東京電力元副社長も、電力業界が関連会社なども動員して党員集めをおこないました。

「毎日」九八年六月二十日付は、東京電力の幹部社員らが、「党友会費として約一億円を集めていた」「東京電力社内で集めた約一億円が党友会費の名で『自由国民会議』に流れた」と報じ、「公益事業を手がける同社は一九七四年以降政治献金を自粛しており、『形を変えた政治献金の復活だ』との批判もある」と指摘しています。

九七年十二月、都内のホテルで開かれた加納氏の事実上の出馬決起集会では、加藤紘一幹事長（当時）が、「企業社会の人が政治に参加する大事なテストケースだ。九電力（会社）にも加納さんと自民党を支持する名簿つくりに協力いただきたい」と要請。村上正邦参院幹事長（同）も「比例名簿順位はシングルのランクにするから支援願いたい」とハッパをかけました。

この結果、加納氏は、建設官僚OBで再選をめざした清水達雄氏（名簿十五位で落選）ら前職候補五人を上回る名簿十位に登載され、当選したのです。

幽霊党員・後援会員の精度チェック

自民党は、来年の参院選に向けても「比例代表選出議員候補者名簿作成基準」（四月十八日）を策定、「名簿登載資格基準」として新たに党員二万人を確保することをあげています。さらに「名簿登載順位の決定に関する基準」では、後援会員百万人の確保と、「後援会入会の意思」「自民党へ投票の意思」についての点検作業と精度の評価をおこなうとしています。

しかし、一人で党員を二万人も確保したり、後援会員を百万人も増やすことは、不可能なことです。いきおい、支援業界・団体におんぶにだっこという格好になります。だからこそ、自民党も「精度」の評価をおこなわざるをえないのです。

この精度チェックは、九八年の参院選でも、おこなわれました。

土地改良区関係を除く農林漁業関係団体が、総力をあげて応援した農水省元農産園芸局長・日出英輔氏（名簿九位で当選）の場合です。群馬県では、県下の農協、連合会、関連企業・団体の役員、職員に「自民党員五千口（一口四千円）」を十五口、十三口、十二口などと割り当てました。九七年十一月四日付の文書で、一人あたり三人の後援会名簿の提出を指示した香川県では、「自由民主党筋から来年二月から五月の間に電話等により精度チェック（入会の確認）がありますので、その際の対応もよろしく」との注意書きまでおこなっていました。

村上正邦参院幹事長（当時＝名簿二位で当選）の比例名簿順位をあげるために党員、後援会員集めの〝ぐるみ選挙〟をおこなった日本行政書士会連合会では、その政治団体である「日本行政書士政治連盟」の「後援署名活動の進め方」という文書で、「署名簿の質の高さは名簿順位決定において、全体の五〇％の評価が下されます」として、（九八年）二月と五月の二回、「自由新報社」から「村上議員と自民党を支持しているかどうか」という電話調査があることを明らかにしています。

さらに、署名した人に「電話応答用チラシ」を手渡すよう指示、そのチラシには、「電話の近くにお貼りいただき」「下記のようにお答えください」などとする想定問答を三問紹介するという念の入れようでした。

日本医師会の政治団体である日本医師連盟は、日本医師会の代議員も務めた組織内候補、宮崎秀樹参院議員（名簿十六位で落選）の後援会員集めに取り組みました。ところが、自民党が医療改悪を強行していることもあって、九八年三月九日現在で、会員名簿獲得が目標数の五割に達せず、日本医師連盟の坪井栄孝委員長が、各都道府県医師連盟委員長あてに「かかる状態では宮崎候補の比例区ランク付けは失格の可能性あり」「一〇〇万名超の見込みが立たない場合は立候補取り下げも考慮せざるを得ません」などとハッパをかけました。

こうした動きを反映して、大阪市北区の支部では、「後援会の人数を一人でも多く増やすことが必要」と強調、家族や従業員、知人などに「金銭面その他一切のご迷惑をかけることはないこと、ただ（自民党）本部から確かめの電話がかかることがあり、その時は、ウソでも〝自民党に投票します〟と答えて頂くことを了解の上署名をお願いして下さい」と支部長名の「お願い」を出しました。「立て替え」を認めたうえで、「ウソでもいいから」と、精度確認への対応に必死の呼びかけをおこなっていたのです。

日本遺族会の政治団体、日本遺族政治連盟が、日本遺族会専務理事の森田次夫氏（名簿十三位で当選）の後援会員集めを各地方組織に指示した文書（九八年三月十日付）では、こんなことがわかりました。それによると、加藤紘一幹事長、野中広務幹事長代理ら当時の執行部が各比例候補の後援会員の精度調査をおこなった結果、その「精度」は「予想よりも低い結果」が出たため、各候補に「当初の目的である百五十万人の後援会員獲得達成に向けて、英知を結集して最大限の努力を」と、後援会員集めの「上乗せ」を求めていたのです。

これらのことは、比例候補を抱える各業界・団体が、それぞれ、党費や後援会費を立て替えるなど、相当無理な獲得運動を展開、膨大な「幽霊党員」「幽霊後援会員」を生み出したことを〝告白〟するものです。

福田元首相も批判

まさに党員、後援会員集めに名を借りたヤミ献金集めの横行です。

こうした事態に、森首相が師と仰ぐ福田赳夫元首相（故人）が、苦言を呈したことがあります。

九二年の参院選を前にした同年四月十五日、自民党の首相経験者ら最高顧問と、綿貫民輔幹事長（現衆院議長）、加藤紘一官房長官との懇談会が、都内のホテルで開かれました。

福田氏は、参院比例区候補者の名簿登載順位の決定方法について、「現行の制度では、候補者が党員を何人抱えているかが、順位を決める基準になっており、何億というカネがかかる。国会の議席をカネで買うようなものだ」（「朝日」九二年四月十六日付）と、ズバリと指摘したのです。

日本共産党の緒方靖夫議員が、八月七日の参院予算委員会で、この福田発言を紹介、森首相に「党費名目のヤミ献金は、きっぱりやめよ」と求めましたが、首相は「福田先生のご発言を私は承知をいたしておりません」と逃げるだけでした。

しかし、自民党の宮沢喜一蔵相は、この森答弁があった七日の夜、都内で開かれた加藤派幹部による会合で、「党員を二万人以上集めるというやり方はなくすべきだ。久世氏個人の問題ではなく、構造的な問題だ」と指摘しました。

福田元首相のいう「国会の議席をカネで買う」というのは、宮沢蔵相がいうまでもなく、比例区候補にみられる自民党の政財官癒着の構造的な問題です。

たとえば、建設省、運輸省、農水省、郵政省など利権官庁は毎回、参院選で自分たちの権益を守るためにOB候補を自民党から擁立、監督官庁からの「依頼」を受けた業界・団体・企業などは党員・後援会員集めに奔走し、その見返りに公共事業などを受注する、そしてOB候補は、当選後、出身官庁や業界のために働く――。

九八年の参院選でも、郵政省OB（官房審議官）の岡利定参院議員が名簿順位三位、旧国鉄施設局長の野沢太三参院議員が五位、農水省構造改善局次長の佐藤昭郎氏が八位、同農産園芸局長の日出英輔氏が九位、建設省近畿地方建設局長の脇雅史氏が十二位と、当選ランクの上位を占めました。

自民党の青木幹雄参院幹事長は、八月一日の記者会見で、こうのべました。

「参院比例区は団体や組織が自分たちの候補者を出すことが前提ででき、職域代表という色彩が強い。党員や後援会の募集をし、全力をあげてもらうのは当然のことだ」

ここには、名簿順位をあげるために党員集めなどを業界や企業に丸抱えしてもらうやり方、すなわち業界や企業に「票もカネ」も依存するのは当たり前という自民党の驚くべき腐敗・癒着体質が浮き彫りになっています。自民党が、今回の久世問題から何も学んでいない、反省していないということをしめしています。

いま、自民党のなかには、久世問題への国民の批判の高まりをきっかけに、参院比例区の名簿方式を、現行の順位を事前に決める拘束式から、順位を事前には決めない非拘束名簿式にあらためるべきだという声も出ています。

しかし、自民党の金権・腐敗体質が問われているときに、選挙制度の問題にすりかえて、自分たちの都合のいい選挙制度に改悪するのは、自民党の常套《じょうとう》手段であり、まったく不届きな許されない話です。

九月にも予定されている臨時国会では、政治をカネの力でゆがめる金権・腐敗の温床である企業・団体献金の全面禁止とともに、久世問題の徹底解明は、避けて通れない課題です。

（『前衛』２０００年10月号）

深刻さ増す自民党の利権・腐敗体質

――いまなにが問われているのか

ムネオ疑惑に始まって、加藤紘一元自民党幹事長の事務所代表の巨額脱税事件や、井上裕前参院議長の政策秘書の入札妨害事件、宮路和明前厚生労働副大臣の大学入試口利き問題、田中真紀子前外相の秘書給与流用疑惑と続いた「政治とカネ」をめぐる問題は、ことしに入っても後を絶ちません。自民党長崎県連の違法献金事件、坂井隆憲衆院議員（自民党除名）の政治資金規正法違反事件（虚偽記載）など、これまであまり光があてられることのなかった法律による摘発も続いています。大島理森農水相は数かずの疑惑を解明しないいま辞任しました。これら一連の事件は、自民党の金権・腐敗体質の深刻さを浮き彫りにしていると同時に、いま何が必要かを示しています。

「特定寄付の禁止」にメスを入れた自民党長崎県連事件

自民党長崎県連の違法献金事件は、公共事業をくいものにする政官業の癒着の深さを文字通り浮き彫りにしました。

この事件は、昨年二月の長崎県知事選を前に、自民党長崎県連の前幹事長、浅田五郎被告と、前事務局長の安田実穂被告が、県発注工事を受注しているゼネコン各社に選挙資金を要求、公職選挙法違反（特定寄付の禁止）や、政治資金規正法違反（虚偽記載）の罪などに問われたものです（注）。

《注》公選法違反の献金分＝鴻池組二百万円、白石二百万円、若築建設五百万円、不動建設三百万円、大豊建設三百万円、大日本土木三百万円、飛島建設三百万円、五洋建設三百万円、佐藤工業百五十万円▽虚偽記入のヤミ献金分＝清水建設二百四十万円、若築建設五百万円、住友建設百万円、松尾建設三百万円、鉄建建設三百万円

三月十九日に長崎地裁で開かれた初公判で、検察側は冒頭陳述（要旨）で、建設会社側

が自民党県連側の強引な献金要求を断れなかった背景を次のようにのべました。

ゼネコン各社の間には、県発注工事を落札するためには、県連幹事長を繰り返し訪ねてあいさつを重ねるなどし、当該工事の受注について良好な感触を得ること、入札参加に際して共同企業体(JV)を組むべき相手の地元業者についても示唆を受けることが重要との認識があった。

幹事長からJVを組むべき相手を示唆されるなどして良好な感触を得た会社は、その組み合わせについて県幹部へのあいさつの形で報告することが慣例化していた。

会社の多くは、JV組み合わせについて県幹部から特別の指摘がなければ、当該工事を受注することを県側としても了解したものと認識し、他の入札参加者に連絡して調整を行うのが一般的となっていた。

このような状況において、各社は幹事長の発言力を重視し、県連からの寄付要請をむげに断ることがあれば、受注から完全に排斥されるとの恐れを抱くのが一般的だった。県連側も各社の認識を把握し、これを利用して特異ともいえる高額な寄付金を集めるようになった。

《〝受注のさたもカネしだい〞》

県発注工事の入札に際してゼネコン各社による自民党県連幹事長へのあいさつ回りが「慣例化」していたこと、県幹部も関与していたこと、ゼネコン各社は県発注工事を受注するためには、自民党県連の献金要請に応じざるを得なくなっていたこと――政官業癒着の実態があぶり出されています。

実際、長崎県土木部、水産部の発注工事落札額（一九九八年四月～二〇〇二年十一月）と、ゼネコン各社の自民党長崎県連への献金額（一九九三年～二〇〇一年）の相関関係を調べてみると、「受注のさたもカネしだい」という実態が浮かび上がってきます。

たとえば、九二年の二百万円を最後に、この九年間、献金ゼロの大成建設が受注したのは、長崎南環状線の橋梁整備工事（百五十二万円）の一件だけです。一方、献金額一位、五千九百万円の献金をした五洋建設の受注高は百七十四億四千六百万円、同二位、四千七百万円の献金をした若築建設は百四億六千五百万円、といったぐあいです。ゼネコン関係者も「長崎県では、献金しないと仕事がとれないという傾向がとくに強かった」と証言しています。

こうした状況のもとで、金子原二郎知事が再選をめざした知事選に向け、ゼネコン各社に「金子県政四年の（受注）実績に応じて協力を」などといって、集めた選挙資金が、公職選挙法違反（特定寄付の要求）などの罪に問われたのが、今回の事件です。

《「選挙に関する寄付」は違法》

公職選挙法は、国や地方自治体と契約関係にある企業が国政選挙や地方選挙に関連して献金することを禁じています（一九九条一項）。また政治家の側は、寄付を勧誘、要求したり（二〇〇条一項）、受けてはならない（同条二項）としています。

これは、対価性があまりにも明白で、行政をカネの力でゆがめることを防ぐための規定です。

選挙のたびに建設業界などを回り、公共事業をエサに票とカネを強制していることは全国どこでもおこなわれていることです。にもかかわらず、政治家の側は、選挙運動の収支報告書への届け出ではなく、政治資金として処理しているため、法の網を逃れ、公選法違反の特定寄付の禁止で摘発されることは、ほとんどありませんでした。

今回の事件は、「政治資金」として政治資金規正法にもとづいてきちんと届け出がされていたとしても、実質的に「選挙に関する寄付」であれば違法になることを明らかにしました。このため、全国各地で同じようなことをしている自民党に衝撃を与えるできごととなったのです。

たとえば、自民党山口県連は、二〇〇〇年八月の知事選で、県発注工事を受注したゼネコンなど二十二社から計二千五百万円の寄付を受け取っていました。岐阜県でも、〇一年一月実施の知事選の直前、大日本土木など県発注工事受注企業が計千五百三十万円を自民党県連などに献金、その一部が知事の選挙母体に還流していました。大分県では、ことし一月二十五日に自民党が中心になって開いた知事候補を励ます政経文化パーティーのパーティー券（一枚二万円）が、県建設業協会に千枚割り当てられ、その一部が県下十四支部に割り当てられていました。

長崎県連の事件発覚後、自民党が開いた全国幹事長会議（一月十五日）では、「これが違法に当たるならどうやって政治資金を集めたらいいのか」という〝悲鳴〟があがったのも当然のことです。いかに自民党全体が法の網を逃れて違法なカネ集めをしていたかということを問わず語りに示しました。

小泉首相ら閣僚・副大臣、与党首脳らもふみにじる

重大なことは、公共事業受注企業からの「選挙に関する」献金を禁止した、この公選法一九九条、二〇〇条の「特定寄付の禁止条項」が、小泉首相はじめ閣僚や与党首脳によっても公然と踏みにじられていることです。

この問題は、二月七日、衆院予算委員会の総括質問で日本共産党の志位和夫委員長がとりあげました。志位委員長が調査対象としたのは、国会議員で、閣僚、副大臣、与党各党首脳に限ったものですが、首相はじめ五人の閣僚、七人の副大臣、七人の与党首脳の計十九人（注）が、二〇〇〇年六月の衆院選と二〇〇一年七月の参院選の選挙期間中に合計七十四社の公共事業受注企業から、合計八千二百八万円の献金を受け取っていました。

《注》志位委員長が明らかにした調査結果（第一次）は次のとおり。

【閣僚】小泉純一郎首相＝一社五十万円▽大島理森農水相（当時）＝四社千三百万円▽鈴木俊一環境相＝八社六百九十万円▽森山真弓法相＝一社二十万円▽片山虎之助総務相＝九社二百六十万円

【副大臣】太田豊秋農水副大臣＝一社五百万円▽安倍晋三官房副長官＝一社二十万円▽中馬弘毅国土交通副大臣＝一社百五十万円▽木村義雄厚生労働副大臣＝一社二百万円▽米田建三内閣府副大

臣＝四社八十六万円▽渡海紀三朗文部科学副大臣＝二社四百十二万円▽河村建夫文部科学副大臣＝二社四十二万円

【自民党首脳】山崎拓幹事長＝二社五百三十六万円▽久間章生政調会長代理＝五社五百五十万円▽亀井静香元政調会長＝十二社四百三十八万円▽江藤隆美・江藤亀井派会長＝十四社二千百八十八万円

【公明党首脳】神崎武法党首＝一社十万円▽冬柴鉄三幹事長＝一社五十万円

【保守新党首脳】二階俊博幹事長＝五社七百三十六万円

志位委員長の追及に、小泉首相は「政治資金規正法で届けて、きちんと収支報告して適正に処理している」と答弁しました。ところが、〇〇年総選挙の前三年間（九七〜九九年）の献金がゼロの企業が、衆院解散の二日前に献金するなど、「選挙を動機」にした献金であることは明白です。

九六年〜〇〇年の五年間、いずれも献金ゼロだった九社から、〇一年の参院選の「期間中」に計二百六十万円の献金を受け取っていた片山虎之助総務相にいたっては、「選挙のときが、政党支部の政治活動も一番盛んになるときなんですよ」などと答弁して、委員会の笑いを誘いました。

《反省なしの自民党》

自民党本部は、二月四日、「公選法199条・200条（特定寄付禁止違反）について」と題する文書を各都道府県連にいっせいに送付しました。一月の全国幹事長会議で出た「違法合法の基準を示してほしい」との要望にこたえたものです。

ところが、その中身は、「選挙時の献金要請が直ちに該当するわけではない」などと、まったく反省の色がみられません。

検察当局に〝圧力〟をかけた議員すらいます。杉浦正健衆院議員は、衆院予算委員会の「政治とカネ」問題集中審議（二月二十日）で、「公選法上の特定寄付禁止違反は、境目がはっきりしない。検察当局には、こういうあいまいな、広げようと思えばいくらでも広げられる処罰規定の適用においては、謙抑的に運用してもらうよう強く望む」と要求したのです。

長崎県連事件後、町工事を請け負った業者から町長選名目で献金を受けた公選法違反の疑いなどで、宮崎県山之口町長が二月七日に逮捕されました。また、沖縄県宜野湾市の前市長が三月四日、市の工事を受注した建設業者などから市長選にからんで献金を受けたとして、公選法違反の疑いなどで逮捕されました。

いずれも、「特定寄付の禁止」にからむものです。これまで、収賄容疑などの「入り口事件」として着手されることが多かった特定寄付にからむ事件が、それだけで次々と摘発されることになった意味は大きなものがあります。これは、日本共産党の「政治とカネ」をめぐる粘り強い追及と国民の厳しい批判の声の反映ともいえます。

小泉首相は、公共事業受注企業からの献金規制について「鉛筆一本（の物品納入）でも公共事業。すべての企業が対象になってしまう」などといって消極的な姿勢を示していますが、公共事業受注企業からの献金は、税金の還流です。こういう利権と腐敗の構造が浪費の構造をつくり、国民の暮らしを痛めつけており、ただちに禁止することが必要です（注）。

《注》志位委員長の質問後、「東京」二月十二日付「社説」は、「小泉純一郎首相は『適正に処理した』というが、公共事業からの政治献金は税金の還流だ。認められない」と、次のようにのべました。

「国・地方自治体の公共事業を受注する企業から、政党や議員、首長が献金を受けることを法律で全面禁止すべきだ。（略）国民の税金である公共事業費の一部を献金として受け取る政治構造が、無駄な公共事業を続けさせる元凶であることを、与党の議員は猛省すべきだ」

企業献金は「不正常な癒着を招く」と断罪した福井地裁判決

〇三年二月十二日、福井地裁で企業献金をめぐる画期的な判決がありました。経営再建中の準大手ゼネコン「熊谷組」が、実質赤字が続いていたのに自民党に献金したのは違法として、「株主オンブズマン」のメンバーが前社長ら三人を相手取り、献金約一億円の返還などを求めた株主代表訴訟です。

小原卓雄裁判長は、原告の訴えを一部認め、前社長に約二千八百六十万円を会社に返還するよう命じました。原告弁護団によると、経営不振の会社の献金について違法性が認められ、返還を命じたのは初めてのことです。

判決は、熊谷組が一九九八年三月期に二千四百億円の損失を一括処理して以降、株主配当できなくなるなど経営がひっ迫していたことにふれ、「具体的な経営状況を踏まえて寄付を実施すべきか否かについて検討した形跡がない」「株主への配当に優先して寄付を行う必要性があるかを慎重に判断することなく実施したもので、判断過程はずさん」と認定。「取締役の裁量を逸脱したものといわざるを得ず、注意義務違反の行為というべきである」と指摘しました。

三事業年度連続で欠損を抱えた企業の献金を禁じた政治資金規正法違反にあたる、などとした原告側の他の主張は退けましたが、企業献金について、注目すべき判断を示しました。

すなわち、「国民の有する選挙権ないし参政権を実質的に侵害するおそれがある」とのべ、「過去に幾度となく繰り返された政界と産業界との不正常な癒着を招く温床ともなりかねない」と断じたのです。また、企業献金が特定の政党に集中すれば、国の政策にも決定的な影響力を及ぼすことになるとも指摘しています（別項参照）。

福井地裁判決の企業・団体献金についてのべた部分

会社が政党に対して政治資金を寄付することは、会社が有する経済力が個々の国民を圧倒的に凌駕するのみでなく、同一産業界の会社が産業団体を結成して政治資金を寄付するときは、その影響力は個々の会社をもはるかに超えると考えられるから、それが政党に及ぼす影響力は個々の国民による政治資金の寄付に比してはるかに甚大である。

政党の政策が会社あるいは産業団体からの政治資金の寄付によって左右されるとすれば、政党の政治上の主義、施策を選挙において訴え、選挙における国民の選択によってその活動に信任を得るという選挙制度の意義を否定し、その根幹をも揺るがすことになりかねず、政党政治そのものへの批判にも結びつくこととなる。

したがって、会社あるいは産業団体による政治資金の寄付の規模いかんによっては、国民の有する選挙権ないし参政権を実質的に侵害するおそれがあることは否定できない。のみならず、会社あるいは産業団体の政治資金の寄付が特定の政党ないし政治団体にのみ集中するときは、当該政党のみが資金力を増大させて政治活動を強化することができ、ひいては国の政策にも決定的な影響力を及ぼすこととなって、過去に幾度となく繰り返された政界と産業界との不正常な癒着を招く温床ともなりかねない。

そのため、会社あるいは産業団体による政治資金の寄付は謙抑的でなければならず、それは実質的に国民の選挙権ないし参政権を侵害することのない限度にとどまるべきである。

だから企業献金は「謙抑的でなければなら」ない、というのが判決の立場で、企業献金そのものを違法とする判断にまでは到達しませんでした。しかし、判決後の記者会見で、原告で大阪府泉南市の会社社長、柚岡一禎《ゆおかかずよし》さんが、「裁判所の判断が世間の常識にようやく追いつきつつある。経営者は心せよ、といいたい」とのべたように、福井地裁判決は、日本の企業・団体に対し、「何のために献金するのか」という根本的な問題をあらためて提起したといえます。

《〝自民党はいいかげんにしてくれ〟》

「株主には配当しないで、自民党には配当する。赤字企業からの献金は受け取るべきでない」――二月二十日の衆院予算委員会で、日本共産党の佐々木憲昭衆院議員は、福井地裁判決も紹介しながら、こう追及しました。

佐々木議員は、上場している建設会社のうち、一九九六年から二〇〇二年までの間に無配当に転落しながら自民党に献金を続ける企業のリストを示しました。これによると、株主に配当もできない経営困難な状態が三期以上続くなかで献金していた企業が飛島建設、フジタ、間組など十一社、二期以上では二十社にのぼっています。

小泉首相も「無配の会社から（献金を）求めない態勢にしなければならない」と答弁せざるをえませんでした。

福井地裁判決に、建設業界では、「うかつなことはできないなと思った」という感想や、「提訴されれば、同じ判決が出る可能性がある」といった弁護士からのアドバイスがあるなど、業界を揺るがせています。

ところが、自民党は二月初めごろ、大手ゼネコンなどが加盟する日本建設業団体連合会（日建連、会長＝平島治大成建設会長）に約三億円の献金要請を自民党の政治資金団体、国民政治協会を通しておこなっていました。日建連はこれを受け、三月初め、「国民政治協会への政治献金は従来どおりの扱いとします」との献金要請文書を会員企業約四十社に送りました。六十三社が加盟しているのに、約四十社になったのは、赤字を出している企業のほか、民事再生法の適用を受けたり、銀行から債務免除を受けたりしている会員を差し引けば、約四十社しか残らなかったからだといいます。

大手ゼネコンの役員は「福井地裁の判決は衝撃だった。表立っては反対を口にできないが、自民党もいいかげんにしてくれというのが率直な気持ちだ」といいます。一般紙にも次のような報道があります。

「こんな時期にも、日建連を通して堂々と献金を要請してくる自民党側への感情は、冷め切っている。幹部は静かに語った。『怒るほど期待していませんよ。自分から長崎での事件への反省や、熊谷組判決への配慮を働かせるような、そんな団体じゃないから』」（「朝日」九州版三月十三日付）

一億六千八百万円のヤミ献金、坂井隆憲議員起訴

「国会議員の権威を悪用して金集めに走っており、政治家の資質そのものが問われる事件だ」と検察幹部が指摘するのは、三月二十八日に政治資金規正法違反の罪（虚偽記載）で起訴された坂井隆憲衆院議員（自民党を除名）の事件です。

国会議員が同法違反だけで逮捕・起訴されるのは初めてのこと。それだけ、政治家の地位を利用して口利きの見返りに資金を要求するなど、事実上わいろの意味合いが強く、悪質だったということです。「『末期的な政治不信』の象徴」とした報道もありました。

起訴事実などによると、坂井議員は政策秘書と共謀して、一九九七年から二〇〇一年の資金管理団体「隆盛会」の収支報告書を作成する際、人材派遣会社「日本マンパワー」側など複数の企業からの献金、計約一億六千八百万円を記載しなかったというもの。

坂井議員は、リクルート事件直後、一九九〇年の総選挙で「クリーン」を売り物に初当選しましたが、企業から資金を引き出すにあたっては、元大蔵官僚や労働政務次官の経歴をフルに活用しました。

たとえば、ヤミ献金の主体となった人材派遣会社「日本マンパワー」から、坂井議員への資金提供が始まったのは、一九九六年のこと。同社会長の依頼を受けた坂井議員が、同社子会社のメーンバンク変更を口利きしたのがきっかけでした。このとき謝礼として一千万円を受領しました。新たな取引銀行の子会社株の買い取り額にも「安すぎる」と注文をつけ、さらに二千万円を手にしました。

翌九七年には、社会保険料の未納問題を会計検査院に指摘された同社会長が坂井議員側に相談。坂井議員の元公設第二秘書が同社社員とともに所管官庁の社会保険庁や検査院を訪問しました。当時、坂井議員は労働省の政策全般に影響力を持つ同省政務次官の役職を離れてまもないころで、同議員は一千万円の謝礼を受け取りました。

同社側が支払ったヤミ献金は、毎月百万円のほか秘書給与、約八百万円の高級乗用車の提供など総額約一億三千万円にのぼります。ＫＳＤ事件を契機にヤミ献金の発覚を恐れた同社会長が資金提供の打ち切りを申し入れた際、坂井議員は「ふざけるな」と怒鳴りつけ、献金を継続させましたが、まさにたかりそのものです。

《労働行政をカネの力でゆがめた？》

企業側が、それでもヤミ献金に応じた背景には、労働政務次官や衆院厚生労働委員長を務めるなど「社労族」を売り物にした坂井議員に「今後も何かの際に世話になりたい」という思惑がありました。実際、労働者派遣法が九六年に改悪され、派遣業種が十六業種から二十六業種に拡大したり、九九年に再改悪で派遣業種が原則自由化されるなど、業界の利益にそった動きがあります。まさに労働行政をカネの力でゆがめた疑い濃厚です。

坂井議員の政策秘書は、後援企業の陳情を記録した「口利きリスト」を作成していたといいます。口利きの見返りに金銭を要求するという構図は、自民党政治そのものです。

疑惑解明しないまま辞任した大島前農水相

ヤミ献金が自民党に横行しているのではないか、という疑念を強くさせたのは、大島理森前農水相です。昨年十月、就任直後からさまざまな疑惑が指摘されてきた大島氏は、三月三十一日、なんら疑惑の解明をすることなく、辞任しました。

大島氏の疑惑は、「新・疑惑のデパート」といわれるほど、多岐にわたっています。国会で取り上げられた主な疑惑を列挙すると――。

▽前秘書官が地元青森県八戸市の市立病院建設にからんで業者から六千万円の口利き料を受け取って、自宅購入資金に充てた疑惑。

▽元秘書が二〇〇〇年六月の総選挙直前に八戸市のビル所有者から「選挙運動資金」として六百万円を受け取りながら、政治資金収支報告書に記載しなかった疑惑。

▽二〇〇〇年の総選挙前後に公共事業受注企業六社から総額千七百万円の献金を受領。うち五社は、それ以前の三年間の献金額はゼロか数十万円単位の少額で、公職選挙法に違反（特定寄付の禁止）する疑い。

▽公正取引委員会から談合で排除勧告を受けた八戸市の建設業者二十四社から、一昨年までの三年間で三千七百万円の献金を受領。

極めつけは、これら疑惑に関する国会答弁の想定問答を衆院法制局に作成させていたことです。不偏不党の立場から議員の立法活動を補佐する法制局に、金権・腐敗事件の釈明答弁を押しつけ、依頼するなど論外の行為です。

大島氏は、これら指摘されている疑惑について、国会で「誠実に調査し、答弁している」

と否定しましたが、「見返りにカネをもらったことはないと（秘書から）報告を受けている」「（元秘書が）資金を流用したため、収支報告書に記載できなかった」などと、疑惑政治家の常とう語句、「秘書が」「秘書が」で逃げ回っただけです。

辞任会見でも疑惑の中身について一切ふれず、「内閣、国会運営に迷惑をかけた」と、国会運営に〝配慮〟したことを示しました。みずからが任命した閣僚が「政治とカネ」をめぐる数々の疑惑を指摘されながら、なんら解明する努力もしないで「本人の問題」などといってかばい続けた小泉首相の政治的・道義的責任も重大です。

自民党、公明党の「献金規制」とは

あいつぐ「政治とカネ」をめぐる問題の噴出のなか、自民党や公明党は政治資金の「規制強化」策を打ち出しています。柱は、政党支部への企業・団体献金に上限を設けようというもの。

現行の政治資金規正法は、同一企業・団体の献金総額について、資本金や組合員数などに応じて年七百五十万円～一億円の上限を設けていますが、その枠内なら個別の政党支部への献金額には制限がありません。このため、公明党が二月に示した「一政党支部当たりの企業献金額を上限年百五十万円」とする案をたたき台に上限を設けることで与党内の調整を図ることになっています。

《大きな抜け穴、献金増額の奨励にも》

「上限」を設けることは、一定の規制にはなります。しかし、企業・団体献金の受け皿となる政党支部を無制限につくれる現行法のもとでは、他の支部に分散するなど、大きな抜け穴があることになります。自民党幹部も「150万円なら痛くもかゆくもない」（「朝日」三月一日付）と〝自白〟しています。

与党は、献金制限とあわせ、現行法で年間五万円以下となっている献金企業名の公開基準の引き上げも検討しています。献金した企業・個人の公開基準は、政治資金の透明性の確保が重要との観点から、一九九四年の政治資金規正法改正で、年間百万円超から五万円超に引き下げられた経緯があります。自民党は四月八日、二十四万～三十万円とする案を決めましたが、公開基準の引き上げは、献金の透明性を拡大するという法の趣旨や国民の批判への逆行であり、ヤミ献金拡大策です。

一般紙も「企業・団体名を公表することは、企業と政治の癒着を防止する上で絶対に欠くことのできない要件だ。公開基準を引き上げれば、どの企業が献金したのか国民に分からなくなる。政治資金をガラス張りにする法の目的に反する行為だ」(「東京」四月七日付「社説」)と批判しています。

自民党は公共事業受注企業の献金規制についても与党内で調整することを決めました。四月二日、同党政治制度改革本部がまとめ、小泉首相も了承した案は、総売上高に占める公共工事の受注が八割を超える企業の献金限度額を現行の八割に縮減するというものです。しかし、公共事業受注が八割を超える企業は、ほとんどありません。しかも、限度額を八割に減らしても、献金実績より限度額のほうが高いため、かえって献金増額の奨励にすらなります。

四月八日の同本部拡大幹事会では、献金の制限自体に批判が集中、この案さえ削除してしまいました。公共事業受注が五割超の企業だけを、政党支部への献金額を年百五十万円までとする対象にし、「献金規制案骨抜き」「手ぬるい献金規制案」と報じられました。なによりも「税金の還流」である公共事業受注企業からの献金をなくそうというものではありません。

これら自民党などの「規制」策は、国民の批判をかわし、結局、企業献金温存を図るものです。

企業・団体献金禁止こそ世論も求めている

財界総本山の日本経団連（奥田碩会長）は、ことし一月、「活力と魅力溢れる日本をめざして」との提言（奥田ビジョン）を発表しました。このなかで、消費税率一六％など、財界が主張する「改革」を実現させるため、「政治と新たな協力関係を確立する」と強調。与野党の政策と実績を評価した指針を作成したうえで、政治献金への関与を強化する方向性を打ち出しました。カネで政治を動かすことへの露骨な表明です。

企業・団体献金は、政治をカネの力でゆがめるものです。財界人自身が、「企業が議員に何のために金をだすのか。投資に対するリターン、株主に対する収益を確保するのが企業だから、企業が政治に金を出せば必ず見返りを期待する」（経済同友会・石原俊代表幹事、「日経」一九八九年六月三日付）とのべています。

九〇年代、リクルート事件後の佐川・暴力団疑惑、ゼネコン汚職など相次ぐ金権・腐敗事件への国民の批判の高まりのなかで、企業・団体献金は二〇〇〇年一月から、政治家個人に対しては、禁止されました。ところが、政治家が支部長となった政党支部を事実上の受け皿にして企業・団体献金を受け取っているのが実態であり、これが、一連の「政治とカネ」をめぐる問題が後を絶たない背景でもあります。

「毎日」三月七日付「社説」は、「政治改革は反古にされた」と相次ぐ「政治とカネ」の問題に怒りを表明。「国会に自浄作用がない以上、司法による大掃除を期待せざるを得ない。司法が出なければ掃除されない国会は情けない。企業・団体献金全廃を目指した規制強化をこの国会で法制化すべきだ」と指摘しています。

共同通信社が三月十五、十六両日実施した世論調査によると、企業・団体からの政治献金について、すべて禁止すべきだと答えた人は四七・五％にのぼりました。公共事業を受注している企業からの献金は禁止すべきだとしたのは三九・八％で、全面禁止と合わせると八七・三％にのぼります。一方、「今のままでよい」と答えたのはわずか五・八％でした。これが国民の声です。

企業・団体献金がいかに政治をゆがめ、腐敗させているか、ということは、この間の相次ぐ事件で明らかです。もともと企業・団体は憲法でも投票権が保障されておらず、政治献金を個人に限定することこそ憲法の精神に立つものです。企業というのは、利潤追求を目的とする営利団体であり、企業・団体献金はつねに事実上のわいろにならざるを得ません。日本共産党は、金権・腐敗政治の最大の根源である企業・団体献金の全面禁止に向けて、まず公共事業受注企業の献金禁止からその一歩を踏み出すことこそ、政治の最低の責務だと考えます。

（『月刊学習』２００３年５月号）

日歯贈収賄事件で何が問われているか

——求められる日歯連マネーの全容解明

診療報酬改定をめぐる日本歯科医師会（日歯）の贈収賄事件は、厚生労働大臣の諮問機関である中央社会保険医療協議会（中医協）を舞台にしたもので厚生行政の根幹にかかわるだけに、徹底的な真相解明が求められています。

中医協を舞台にした事件

日歯の臼田貞夫被告（73）ら贈賄側が、中医協委員だった社会保険庁元長官の下村健被告（73）、連合前副会長の加藤勝敏被告（60）にわいろを贈った主目的は、「かかりつけ歯科医初診料」（か初診料）の適用緩和でした。

「か初診料」とは、患者の歯の模型や口腔《こうくう》内写真を使用するなど、患者に治療計画を示せば、通常より高い初診料を歯科医が受け取れる仕組み。二〇〇二年四月の診療報酬改定で、症例写真集を使った簡単な説明でも認められるなど適用要件が緩和されました。

起訴状や、これまでの調べなどによると、臼田被告らは〇一年六月上旬、都内の料亭で、中医協で「か初診料」の適用要件緩和に賛成してほしいなどの趣旨で、下村被告を接待し、現金二百万円を渡しました。また、加藤被告に同年四月上旬から〇三年十月下旬にかけ、「か初診料」に加え、「かかりつけ再診料」引き上げに賛成してほしい趣旨で、数回にわたり、スーツ仕立券、現金、接待で計百四十万円相当の提供をしました。

下村被告については、〇二年五月上旬と〇三年一月下旬に、臼田被告らから東京・赤坂の料亭で数万円ずつの接待を受け、各二百万円の現金を受け取ったとして、臼田被告らとともに再逮捕（五月十日）されました。

〇二年の二百万円は、下村被告が中医協の場で「か初診料」の要件緩和に理解を示す発言をしたことへの謝礼で、〇三年分は、〇四年度の診療報酬改定に向け、有利な取り計らいを受けたいとの〝先行投資〟の意味合いが強かったといいます。

〇四年度の診療報酬改定に向けては、当初、歯科の問題が検討課題の中に入っていませんでしたが、日歯側の要望にこたえ、下村被告が「歯科についてまったく議論をしなくてもいいのかという問題点がある」と発言。結果として、〇四年度改定では、か初診料が四十円、同再診料が五十円それぞれアップしました。

下村被告は、官僚トップの元社会保険庁長官だけに診療報酬の問題に詳しいうえ、五期十年にわたって中医協委員を務め、中医協の議論を左右するほどの発言力を持っていました。下村被告への資金提供は総額一千万円にのぼりますが、日歯側はこうした人物にねらいをつけ、わいろ攻勢をかけたのです。

献金攻勢は政界にも向けられた

国民の医療にかかわる問題が、カネの力でゆがめられたことになりますが、日歯は中医協委員の二人だけを献金攻勢の対象にしたわけではありません。

日歯の政治団体、日本歯科医師連盟（日歯連）から献金を受けた政治家も、「か初診料」の要件緩和を厚生労働省に働きかけています。

その名も自民党の医療基本問題調査会に設置された「少子高齢社会歯科診療報酬等に関

する小委員会」。日歯の会報「日歯広報」では、「平成十二年度の歯科診療報酬改定をめぐる政治折衝の攻防の過程で構想が生まれた」と同小委員会誕生のいきさつを紹介しています。

「日歯広報」は、自民党側が診療報酬改定について「日歯の意見を十分に踏まえて対応する」ことを確約したと報じていますが、日歯連は小委員会メンバーに多額の献金をしています。

たとえば、小委員長を務めた丹羽雄哉元厚相千七百三十万円、木村義雄前厚労副大臣千九百万円など、メンバー計十三人に計一億二千七百三十万円もの献金が〇〇年から〇二年の三年間に行われています。

また、臼田被告は会長就任後、自民党の青木幹雄参院幹事長や森喜朗元首相、野中広務元幹事長、古賀誠元幹事長、麻生太郎政調会長ら有力議員十六人を日歯連顧問にすえ、歯科医師にとって重要問題で陳情を重ねてきました。

日歯連が発行する「日歯連盟だより」(〇三年四月十五日号)は、臼田被告と青木、古賀、野中の各氏が出席した同年三月末の座談会の内容を紹介しています。このなかで、臼田被告は「か初診料」の改定について、「先生方のお力でやっていただきました」などと発言しています。古賀氏には、〇〇年から〇二年に日歯連から計千二百万円の献金があります。これらは、「中医協」を舞台とした贈収賄事件とは別の「政界ルート」ともいうべきものです。

身体障害者福祉法「改正」でも

臼田被告らの起訴事実や逮捕容疑となっている「か初診料」問題以外にも、日歯が掲げた要求実現に政治家の介在が明らかになっています。

たとえば、歯科医師も身体障害者手帳の交付申請に必要な診断書が作成できるよう身体障害者福祉法一五条の「改正」を働きかけたことです。

〇一年九月七日、厚生労働省はそれまでの社会局長通知を改正、歯科医にも診断書作成が可能とする障害者保健福祉部長名の「通知」を出しました。その一週間後に開いた日歯の代議員会で、臼田被告は自民党の安倍晋三幹事長（当時官房副長官）、根本匠衆院議員（福島二区）の名前を挙げ、その尽力に感謝しています。

「日歯広報」（〇一年九月二十五日号）によると、臼田被告は「安部《ママ》官房副長官、今田障害者保健福祉部長、福島の根本衆議院議員の甚大なるお力添えがあったことを強調したい」

とあいさつしています。

安倍氏には、九九年に日歯から百万円、〇〇年、自民党山口県歯科医師連盟支部と下関市歯科晋友会から各百万円、計三百万円の献金があります。〇〇年に日歯連からの献金が六十万円だった根本議員は、〇一年は二十倍以上の千二百二十万円に急増しています。

「政治力が必要」と政界にばらまく

臼田被告は、〇〇年三月の日歯会長選で、現在、自民党の参院議員を務める中原爽会長を激しいつばぜり合いの末、破って当選。「日歯の事業を進めるにあたり、政治力抜きで解決できない問題が山積している」と発言するなど、日歯連会長も兼ね、政官界とのパイプづくりに力を入れてきました。

こうした臼田被告の「政治力」強化〝路線〟のもと、〇〇年から現在、政治資金収支報告書が発表されている〇二年までの三年間に、日歯連は自民党の政治資金団体である「国民政治協会」への十五億円はじめ、自民百七人、公明二人、民主六人の計百十五人（判明分）に総額約二十二億円ものカネをばらまいています。国民政治協会への資金提供額は、日本医師会の政治団体、日本医師連盟も抑えてトップです。

選挙のときの日歯連のばらまきぶりも驚くべきものがあります。

昨年の総選挙で日歯連は自民、公明両党などの三百十人を推薦し、うち二百三十六人が当選しています。〇三年の政治資金収支報告書はまだ公表されていないため、〇〇年の総選挙でみてみると、陣中見舞いとして一億五千万円を超すカネが政治家に渡っています。

公明党は坂口力厚労相はじめ九人が推薦議員。比例東海ブロックで当選した坂口氏については、総選挙の際の愛知県歯科医師連盟の内部文書で「今後歯科医療政策を十二分に理解していただくためにも…公明党も推薦する」と重視。投票日直前の公明新聞に坂口氏と臼田被告の対談記事が料金推定百六十万円の大型広告として掲載されました。

日歯連は〇二年、坂口厚労相の百万円分のパーティー券を購入したと政治資金収支報告書で報告(坂口氏は六十万円返却と説明)しています。

このほか、石原伸晃国土交通相への四千万円にのぼる「迂回《うかい》献金」、自民党・吉田幸弘前衆院議員を使った五千万円還流など、裏金疑惑もあります。

刑事責任の有無は別として日歯連マネーを受け取った政党、政治家は、みずから進んで、その献金の趣旨も含め事実関係を明らかにする必要があります。

(『前衛』2004年7月号)

Ⅱ

一気に政治問題化した政治家の「事務所費」疑惑

――問題の核心ついた「赤旗」報道

「家賃ゼロの衆参議員会館に多額の『事務所費』支出　自民・民主議員ら十八人が年一千万円超」――「しんぶん赤旗」は一月三日付で、伊吹文明文部科学相、松岡利勝農水相や中川昭一自民党政調会長、民主党の松本剛明政調会長らの資金管理団体が賃料のいらない議員会館に「主たる事務所」を置きながら、最高四千万円もの巨額の事務所費を「支出」しているのは不自然と報じました。

この報道に先立つ年末には、佐田玄一郎前行政改革担当相の政治団体が、実際には事務所が存在しないにもかかわらず、光熱水費や事務所費などの経費約七千八百万円を支出したとする虚偽の政治資金収支報告書を提出していたことがわかり、大臣を辞任したばかりでした。それだけに、「赤旗」のスクープ報道は、大きな反響と波紋を呼びました。

各マスコミが後追い

「朝日」が一月十日付で「家貧ゼロでも事務所費高額　所在地は議員会館　年2500～3300万円　松岡農水相の団体」と報じるなど、各マスコミがいっせいに後追いし、「事務所費」疑惑が「政治とカネ」をめぐる大問題に発展しました。

「日経」（一月十一日付）が、「政権運営の火種に」と題した記事で、事務所費問題について「共産党の機関紙『しんぶん赤旗』が問題提起していた」と報じたとおりです。

『週刊朝日』（一月二十六日号）は、「ボロボロ、ヨロヨロ安倍政権」という企画で、「赤旗」三日付紙面を写真にして掲出。「『問題なし』で済ますのか？　ずさんな政治資金収支報告書」と伊吹、松岡両大臣らの事務所費問題をとりあげました。

『週刊現代』（二月三日号）のリレー連載「新聞の通信簿」は、「政治家の事務所費問題」をとりあげ、「『赤旗』の特ダネが局面を一変させた」「その後の各紙の様々な報道は言ってみれば『赤旗』の後追いに過ぎない」と書きました。

さらに『フォーサイト』(二月号)の「深層レポート　日本の政治」は、「与野党幹部のお屠蘇《とそ》気分を完全に吹き飛ばしたのは、三日の共産党機関紙『しんぶん赤旗』のトップ記事だ」とくわしく、記事の内容を紹介し、民主党の姿勢も問うことになった記事の衝撃の大きさを浮き彫りにしました。

疑惑の核心は何か

「事務所費」問題で何が問われているのでしょうか。

現行政治資金規正法の支出の項目は「政治活動費」と「経常経費」とに分けられており、「政治活動費」は透明性が必要だとして、五万円以上の支出は領収書の添付が義務付けられています。

一方、「人件費」「光熱水費」「備品・消耗品費」「事務所費」で構成される「経常経費」は、領収書添付は不要なうえ、総額の報告だけでよく、何に使われたかの報告はいらないことになっています。このため、これまでも政治資金の「ブラックボックス」と指摘されてきました。

自治省(現総務省)の選挙部政治資金課編集による『逐条解説「政治資金規正法」』(ぎょ

議員会館に「主たる事務所」を置き1千万円以上の「事務所費」を計上していた国会議員

（上位15氏、円）

伊吹文明	文部科学大臣	4146万
松岡利勝	農林水産大臣	3359万
中川昭一	自民党政調会長	3096万
鈴木俊一	元環境大臣	3012万
金田勝年	前外務副大臣	2849万
亀井静香	国民新党代表代行	2418万
松本剛明	民主党政調会長	1866万
武田良太	自民党衆議院議員	1588万
江藤　拓	自民党衆議院議員	1487万
加納時男	自民党参議院議員	1416万
衛藤征士郎	元防衛庁長官	1409万
佐藤昭郎	自民党参議院議員	1388万
遠藤利明	文部科学副大臣	1313万
中山太郎	元外務大臣	1238万
小坂憲次	前文部科学大臣	1192万

（注）政治資金収支報告書（05年分）で作成。万円以下切り捨て

うせい）は、事務所費について、家賃や火災保険金、電話使用料、切手購入費、修繕料などを例示、「その他これらに類する経費で事務所の維持に通常必要とされるもの」としています。

事務所費に含まれる電話料金は、議員会館の場合、基本料金や東京都区内の通話料金については、税金で負担されます。

今回の巨額「事務所費」問題の核心は、家賃がタダの議員会館に事務所を置いているのに、〝事務所費が年間数千万円にもなるのはおかしい〟ということです。自民党関係者からも「切手など通信費を入れてもこんな額にはならない」という声があがっているのも当然です。

虚偽記載が疑われる発言

巨額「事務所費」問題を指摘されて、伊吹文科相や中川政調会長らは、本来、政治活動費として報告すべき会合・飲食費、や冠婚葬祭費、または「領収書のとれないもの」（伊吹文科相）まで、事務所費に含ませていたとのべました。

中川政調会長は、テレビ番組（一月十四日、フジテレビ系「報道２００１」）で、「秘書が夜遅くまで仕事をしたとか、やむにやまれず事務所活動だ」「夜食を食べてはいけないのか」などと開き直りました。

両氏のいうとおりなら、政治資金収支報告書に虚偽の内容を記載した政治資金規正法違反にあたります。

国民に知られたくない支出を処理する抜け道に「事務所費」が利用されていたのではないのか。規正法に反する虚偽記載疑惑が厳しく問われています。

自主的公開を拒否

政治資金規正法は九条、一一条で、政治団体の会計責任者は会計帳簿（支出簿）を備え、すべての支出を受けた者の氏名、住所、金額などを記載しなければならず、五万円以上の支出については領収書を徴収しなければならないとしています。

事務所費について、総額の報告だけで領収書添付義務がないからといって、領収書の徴収が必要ないということにはなりません。伊吹氏のいう「領収書のとれない」カネとは、表に出せない裏金ではないかという疑いが出るのは当然のことです。

日本共産党の志位和夫委員長は、一月三十日の衆議院代表質問で、疑惑をかけられた政治家、政党に、「事務所費」の実態を国民の前に明らかにするよう要求。「領収書や帳簿は保存が義務づけられており、その気になればすぐに公開はできるはずです。問題がないというなら、公開すればすむことです」と伊吹、松岡両大臣に迫りました。

疑念をもたれたら、みずから帳簿の公開を

これに対する両大臣の答弁はこうでした。

「届け出の事務所が議員会館に置かれているという一事をもって、家賃がタダだから疑惑があるという誤った認識を前提にした（志位）議員のご示唆にお答えするのは、法律上やや問題があると思う」（伊吹氏）、「当該政治団体の実際に支出をされた経費を計上した金

額であり、当然架空の団体、他団体の経費を付けかえるというような、そういうものではまったくない、との報告を受けている」(松岡氏)。

「事務所費」の実態を自主的に公開することをそろって拒否したのです。

伊吹氏は「一定額以上の事務所費を計上している政党、政治家の扱いについて、統一的な決定であれば、私は進んでそれに従うつもり」とものべ、松岡氏も「新たな基準で扱うかということになれば、その扱いに従って対応していくというのは、当然のことである」と語りましたが、そういう問題ではありません。

政治資金規正法は、第一条で、「政党その他の政治団体の……政治活動が国民の不断の監視と批判の下に行われるようにする……、もって民主政治の健全な発達に寄与する」と目的をうたっています。

第二条では、「政治資金が民主政治の健全な発達を希求して拠出される国民の浄財であることにかんがみ」「政治資金の収受に当たっては、いやしくも国民の疑惑を招くことのないように……公明正大に行わなければならない」と「基本理念」を掲げています。

国民から疑念をもたれたら、みずから帳簿等を公開することこそ、政治資金規正法の精神に合致するもので、政治家として国民に対して負っている重要な義務なのです。

「赤旗」への道理のない攻撃

ところが、「しんぶん赤旗」に疑惑を指摘された政治家は、八つ当たり的な「赤旗」攻撃をしています。

民主党の松本政調会長は、一月十四日に放送されたフジテレビ系「報道2001」で、「『赤旗』さんの取材を受けた覚えはない。いわば問答無用で書くのは、ちょっと、政党の機関紙で（どうか）」「白昼歩いていて、いきなり殴られた気持ちだ」とのべました。

同党の鳩山由紀夫幹事長も一月十九日の記者会見で、民主党にも疑惑があるのではないかと記者から問われ、「もともとは共産党機関紙『赤旗』が意図的に問題としてきた……規正法の現行規定を共産党は当然のことながら熟知しながら、あえてこういうレトリック（巧言）を使った」という言い方で、松本氏を擁護しました。

しかし、「赤旗」が報道したのは、総務相に提出された二〇〇五年分政治資金収支報告書に記載されていることです。同報告書は、さきにふれたように、政治資金をガラス張りにして、国民の不断の監視と批判を仰ぐことを趣旨としている政治資金規正法にもとづき、政党や政治団体が毎年提出しているものです。

いわば、政党、政治家が「政治資金をこのように集め、こう適正に使った」と責任を持って示したもので、その内容は国民だれもが閲覧できます。それを報道されたら〝困る〟というのでは、不透明な支出があるのではないかと疑われてもしかたがありません。鳩山氏は「一点の曇りもない」「後ろめたいものはない」とも語りましたが、後ろめたいものがなければ、きちんと使いみちを国民の前に公表すべきです。「赤旗」の指摘をレトリックと攻撃するのは、それこそ開き直りのレトリックです。

民主党についていえば、衆議院の代表質問で当事者の松本政調会長が「私たちはすでに適切に処理している旨説明している」とのべるだけで、参議院の代表質問では、疑惑閣僚に質問することとすらしませんでした。同党の自浄能力が試されています。

新聞各紙も〝もっと襟を正せ〟と

一方、自民党の中川政調会長にいたっては、一月十四日のフジテレビ系「報道2001」で、司会者に問われて、「『赤旗』のような政党機関紙も、ほんとうにきちんとやられているのかも、この際、徹底的にやった方がいい」「機関紙をきちんと購入しているかどうかとか、公表したらどうか」などと意味不明な発言をおこないました。

司会者に「『赤旗』に何か不透明なところがあるのか」「何のことを言っているのか」と問われて、「とか、です」「一部いくらかける何部＝何万円ということもきちっと公表したらどうか」などと支離滅裂でした。

新聞各紙の社説は、「政治に対する国民の信頼を得るためには、資金の面で政治家はもっと襟を正す必要がある」（「朝日」一月十一日付）、「仮に今の制度上は問題がないとしても、政治家には一段と高いモラルが求められているはずだ」（「毎日」一月十六日付）などと指摘しています。これは、ほとんどのメディアの共通した主張です。

自分たちの疑惑を指摘されたら、開き直るというやり方は正しい立場ではありません。疑惑をもたれた政党、政治家のいいわけ的、八つ当たり的な「赤旗」攻撃は、なんら道理のあるものではありません。

安倍首相の責任

自民党総裁でもある安倍首相には、自分が任命した重要閣僚や党三役に疑惑が指摘されているだけに、疑惑解明に責任をもってとりくむ責務があります。

日本共産党の市田忠義書記局長は一月三十一日の参院代表質問で、安倍首相が「政治家はつねに襟を正していかなければなりません」「各党・各会派において十分議論されることを期待します」と、まるで他人事のようにのべていることをとりあげ、「ことは、自分が任命した閣僚の疑惑です。首相として、何をどうするつもりか、具体的に答え」よと迫りました。

しかし、安倍首相は、「法にのっとった処理がなされているとの報告を受けている」とのべるだけで、問題ないという態度に終始しています。

これは、任命権者として無責任な態度といわざるをえません。閣僚らの事務所費問題をめぐり、政府内で想定問答集が作成され、一月三十日の閣僚懇談会終了後に配布されていたこともわかりました。事務所費の内訳などを質問された場合、「適切に報告している」などと答弁するよう記載されているとの報道もありますが、何をかいわんやです。

佐田前行政改革担当相は、真実を明らかにしないまま辞任しましたが、安倍首相は自浄作用を発揮して、真剣に疑惑解明にとりくむべきです。

根底に政党の腐敗と堕落

「事務所費」問題に国民の憤激、批判がわきあがっている背景には、自民、公明政権のもとでの庶民への負担増と社会保障切り捨てなどによる生活苦があります。しかも、国民の税金である政党助成金をもらいながら、その使途を不明にしていることに、一番の怒りが集中しています。

二〇〇五年の政治資金収支報告書によると、政党助成金が各党の収入に占める割合は、自民党が六〇・二％、民主党が八三・六％となっています。まさに税金なしでは活動できないという現状で、主権者である国民に財政的にも支えられるという政党本来のあり方から遠く離れています。さらに、昨年の臨時国会では、自民党、公明党、民主党が、禁止されていた外資系企業の政治献金を容認する政治資金規正法改悪を強行するなど、企業献金の害悪をさらに拡大しています。

今回の「事務所費」問題の根底には、こうした企業献金と政党助成金だのみが、日本共産党以外の政党にいよいよひどくなるという政治の腐敗と堕落があるといえます。

企業・団体献金も政党助成金も受け取らない唯一の政党、日本共産党の機関紙「しんぶん赤旗」だからこそ、「事務所費」問題の核心をついた報道ができ、その徹底解明に全力をあげることができるのです。

（『月刊学習』2007年3月号）

末期症状示す安倍内閣の「政治とカネ」

――辞職・更迭、内閣改造で免罪されない重大な責任

参院選で大敗した安倍晋三首相は、「政治とカネ」の問題について、「十分に国民の声にこたえていなかった」ことを第一の敗因にあげ、内閣改造にあたっては入閣候補者の政治資金状況を調べる「身体検査」を徹底する意向を明らかにしました。ところが、八月二十七日に内閣改造を行いましたが、その顔ぶれをみても、巨額「事務所費」問題が明らかになっていた伊吹文明文部科学相を留任させたり、組閣当日の岸田文雄沖縄・北方担当相はじめ、遠藤武彦農水相、岩城光英官房副長官、高村正彦防衛相、鴨下一郎環境相、上川陽子少子化担当相らの、政治資金収支報告書の訂正が相次ぎました。

しかも、遠藤農水相は、わずか八日で辞任に追い込まれました。

●補助金を不正に受け取っていた

農水省が担当する国の補助金をめぐって、自身が組合長を務める「置賜《おきたま》農業共済組合」(山形県米沢市)が、一九九九年、天災や病害虫の被害を補償する農業共済で加入者を水増しし、共済掛け金百十五万円を国から不正に受給していたことが発覚したからです。

問題は、会計検査院がこの不正受給を二〇〇四年六月に指摘していたのに、同組合が補助金を返還していなかったことです。農水省の最高責任者が、同省の補助金を不正に受け取っていた組織のトップだったわけで、こうした人物を、松岡利勝、赤城徳彦と相次いで「政治とカネ」の問題で自殺、辞職した農水相ポストに起用した安倍首相の任命責任は重大です。

いわゆる「事務所費」疑惑に端を発した「政治とカネ」の問題は、ひきつづき重大問題であることを示しています。

解明されていない数々の疑惑

昨年九月二十六日に発足した安倍内閣ですが、一年もたたないうちに、実に四人もの閣僚が「政治とカネ」の問題で辞職、あるいは自殺するという前代未聞のことが起こりました。どんな疑惑があったのかを、まずふりかえってみましょう。

●架空事務所に七千八百万円＝佐田元行革担当相

昨年十二月末に発覚したのは、佐田玄一郎行政改革担当相（当時）の架空政治団体疑惑です。政治団体の名前は「佐田玄一郎政治研究会」。佐田氏の実父が経営していた建設会社東京支店が入居する東京・池袋の九階建てビルに「主たる事務所」の所在地を届け出ていましたが、一九九〇年の設立当初から同政治団体の事務所はなく、同支店にも事務所は置かれていませんでした。

同研究会の政治資金収支報告書によると、九〇年から九九年までの十年間で、架空の事務所に支出していた人件費、光熱水費、備品・消耗品費、事務所費をあわせた経常経費の合計は約七千八百四十三万円にのぼります。

一方、同研究会は九〇年から九四年までの五年間で、計二億四千五百万円を超す企業・団体献金を受け取っていました。佐田氏は昨年十二月二十七日の記者会見で、「（地元）群馬の経費を事務所費に計上した。そして違う団体の政治活動費を付け替えていた」とのべ、選挙区である群馬県の後援団体の経費を同研究会の経費として付け替えたことを認め、「適切ではなかった」として辞任しました。

同研究会の事務担当者は佐田氏の公設第一秘書で、佐田氏が支部長を務める「自民党群馬県衆議院比例区第二支部」の事務担当者も兼ねているにもかかわらず、「なぜそのような会計処理をしたのか」との質問に、「私もよく分からない。当時の会計責任者が未熟だったということもあるかもしれない」などという責任逃れの姿勢に終始しました。付け替えの額についても、「かなりの額だが、今は分からない」。

結局、何も明らかにしないまま、大臣を辞めました。政治資金規正法にもとづく支出のうち経常経費には領収書添付の義務づけがないことを利用して、公表したくない経費をねん出したのではないか、との疑惑解明は今後の課題です。

●家賃ただの議員会館に

大臣在任中、自殺したのは、松岡利勝農水相（当時）が初めてです。農水省所管の独立行政法人「緑資源機構」の官製談合事件がらみの疑惑も指摘されていました。ところが、国会で追及の矢面となったきっかけは、家賃がかからない議員会館の自室に資金管理団体の「主たる事務所」を置きながら、年間三千万円を超す「事務所費」を計上しているのはおかしい、という「しんぶん赤旗」一月三日付のスクープでした。

松岡氏の資金管理団体「松岡利勝新世紀政経懇話会」は、〇五年の収支報告書に三千三百五十九万円の「事務所費」を計上していましたが、「法に定められた所定の整理にもとづき報告しているので、これ以上の詳細の内訳については報告の必要はない」（「しんぶん赤旗」への回答、一月三日付）という態度を最後まで通しました。

たとえば、日本共産党の穀田恵二衆院議員は二月十六日の衆院予算委員会で、「『支出の帳じりが合わないと事務所費に計上する』といって証言する秘書もいる」との報道を示して、「違うと立証できるのか」と迫りました。しかし、松岡氏は「一切、そういうことはない」というだけで、巨額の「事務所費」の使い道をまったく明らかにしませんでした。以後、「適正に処理している」と繰り返し、安倍首相も「法にもとづいて適正に処理していると報告を受けている」とかばいつづけたのです。

議員会館は水道代も電気代もかかりませんが、松岡氏の資金管理団体は〇一年―六百五十九万円、〇五年―五百七万円など、五年間で計二千八百八十万円もの「光熱水費」を計上しており、この問題も国会で再三とりあげられました。

光熱水費は、政治資金規正法施行規則で「電気、ガス、水道の使用料及びこれらの計器使用料等」となっています。衆院側の説明によると、議員会館の議員室は改装はできず、浄水器のようなものは、「基本的につけられない」といいます。ところが、松岡氏は「いまどき水道水を飲んでいる人はいない」「〝ナントカ還元水〟というものをつけている」などと説明、虚偽記載の疑いを最後まで晴らすことはありませんでした。

一方、留任した伊吹文科相の資金管理団体「明風会」は議員会館に「主たる事務所」を置き、〇五年、約四千百四十六万円の事務所費を計上していました。

今年一月、事務所費問題が明らかになったとき、伊吹氏は「領収書のとれないもの」も事務所費に含ませていたとのべました。二月十六日の衆院予算委員会で、民主党議員にとりあげられたときには、本来、「事務所費」に計上すべきでないものを、事務所費に組み入れていたことを、とうとう明らかにしました。

こんなぐあいです。

▽選挙の準備活動と後始末に非常勤の職員を雇う（人件費）

▽秘書が後援会の人と食事する会食費

▽地元（京都）の秘書の東京への交通費
▽東京の秘書が地元に行ったときの活動費

伊吹氏の説明によると、事務所費には、飲食を含む会合費三百万〜四百万円のほか、「東京と京都の事務所の賃料、七台ある秘書用の車のガレージ代、コンピューターの回線使用料などで約二千万円超が含まれています。

「朝日」八月三十一日付に、「文科相留任は合点いかない」という、こんな投書が掲載されました。

「高額の事務所費疑惑について、伊吹氏から、国民が納得できる、きちんとした説明がされたという認識は我々にはありません。次々に出る疑惑に埋没してか、うやむやのままです」

いずれにしても、二千万円近い不明分の使途とともに虚偽記載疑惑の解明が必要です。

改造内閣では、伊吹氏はじめ、七人が議員会館に資金管理団体の「主たる事務所」を置いています。このうち、高村正彦防衛相の「正流会」は、〇三年から〇五年の三年間で計約三千万円もの「事務所費」を計上しています。

「しんぶん赤旗」の調査によると、高村氏は地元山口県に四つの事務所をもっていますが、うち、周南市の事務所の家賃について、「正流会」が月十万円を負担しています。三年で三百六十万円となるので、約二千六百万円の使途の説明も今後の課題です。

●疑惑のデパート＝赤城元農水相

参院選での与党大敗の一因となった、とみずから認めた赤城徳彦元農水相は、〝疑惑のデパート〟といった趣がありますが、いずれの疑惑についても何も明らかにしないまま、辞任してしまいました。

赤城氏の政治資金集めの「財布」＝政治団体は五つありました。このうち、茨城県筑西市の実家を所在地とする「赤城徳彦後援会」、東京都世田谷区の妻の実家を所在地とする「徳政会」は、ともに事務所の実体がないにもかかわらず、巨額の事務所経費を計上していました。

九六年から〇五年の十年間で、領収書のいらない経常経費（事務所費、光熱水費、人件費、備品・消耗品費）の総額は、「赤城徳彦後援会」が九千四十五万円、「徳政会」が千四百九十六万円。両団体あわせて一億円近くになります。

東京・西新橋のビルにあった「つくば政策研究会」は、九六年八月に同ビルを退去していながら、九七年から〇三年の七年間で計千二百十五万円の経常費を計上していました。

事務所費も光熱水費もタダの議員会館に「主たる事務所」を置く資金管理団体「徳友会」は、九六年から〇五年の十年間で、計八千二百万円の経常経費を計上。水戸市のビルにある赤城氏が支部長の「自民党茨城県第一選挙区支部」も同じ十年間に計一億九千万円の経常経費を計上しています。

五団体あわせて約四億円にのぼる事務所経費は、いったい何にどう使われたのか――。赤城氏も松岡氏同様、「適正に処理している」と繰り返しました。八月一日の辞任記者会見では、「赤城徳彦後援会」の資料を手にして説明しましたが、それを開示することもせず、疑惑は解明されていません。

赤城氏の進退を決定的にしたのは、領収書コピーの二重使用問題でした。

「第一選挙区支部」の〇三年の収支報告書によると、九月十一日、「案内状発送費」という名目で二回、計約二十万円の支出が記載されています。一方、「赤城徳彦後援会」の収支報告書にも、「機関紙誌の発行事業費」のうち、「荷造発送費」として、同日、同金額の支出を記載しています。

ところが、両団体が報告書に添付した「水戸駅前郵便局」「水戸中央郵便局」の領収書のコピーは、まったく同じもので、政治活動費を二重計上していたことになります。しかも、後援会の報告書には、「荷造発送費」の支出先として、「水戸市役所前郵便局」とあります。

これらは、収支報告書の虚偽記載にあたり、政治資金規正法では、五年以下の禁固、百万円以下の罰金が科せられます。「事務的なミス」では、すまされません。

問われる安倍首相の任命責任

事務所費疑惑が明らかになった第一次安倍内閣の閣僚はほかにも、こんなにいます。

▽塩崎恭久前官房長官＝「塩崎恭久後援会」と、自身が支部長の「自民党愛媛県第一選挙区支部」の事務所費のうち約千三百三十万円（〇五年）が使途不明。

▽甘利明経済産業相（留任）＝神奈川県大和市の地元事務所内に、自身が支部長の「自民党神奈川県第十三選挙区支部」と資金管理団体「甘山会」を同居させ、家賃、郵送代をのぞく計上額約千四百二十万円（〇五年）の使途が不明。

▽長勢甚遠前法相＝富山市の地元事務所に判明しただけで三つの政治団体を同居させ、年間家賃の地元相場額を引いた計上額約千四百万円（〇五年）の使途が不明

赤城氏の疑惑について、安倍首相は、赤城氏以上の細かい数字を示してかばったことが

あります。参院選公示直前の七月八日のテレビ討論のときです。首相は、「赤城徳彦後援会」の架空事務所費問題がとりあげられた際、○五年の光熱水費が九千六百六十円だったことを取り出し、「月八百円だ。八百円の人を辞めさせるのか」と開き直ったのです。同後援会の光熱水費は、九八年には百二十九万八千円、九九年は百三十一万六千円なと、月当たりにすると十万円前後の年が続いています。都合のいい年の数字を取り出して、かばった首相の不明も記録されるべきでしょう。

そもそも安倍首相は、松岡氏の「政治とカネ」問題が未解明のなか、後任となる赤城氏に何の指示も注意もしていないことが、明らかになりました。

六月十二日の参院農水委員会で、日本共産党の紙智子議員が冒頭、「農水大臣任命の際、安倍総理から『政治とカネ』の問題について何らかの指示なり注意があったか」とただしました。ところが、赤城氏は、即答できる質問のはずなのに、官僚が用意した答弁用文書をさがしたあげく、「農政の諸問題についてしっかり取り組むようにということで、とくに『政治とカネ』の問題で、ということでのご指示ではございませんでした」と〝暴露〟したのです。

松岡、赤城と二代の農水相をかばい続け、改造にあたっても伊吹氏や甘利氏らを留任させた安倍首相の任命責任は重大です。

虚偽記載――訂正ではすまない

国民に知られたくない支出を処理する抜け道に、領収書のいらない経常経費、なかでも「事務所費」を利用しているのではないか――。巨額「事務所費」問題が浮上して以来、こんな疑惑が指摘されてきました。

この疑問にこたえる興味深い発言がありました。松岡氏のもとで副大臣を務めていた山本拓衆院議員が、松岡氏の事務所費問題について、「本人から芸者の花代として使ったと聞いた」というのです。

七月二十一日夜の日本テレビの報道によると、山本氏は参院選さなかの同月二十日、地元の福井県坂井市で開かれた演説会で、「『何に使ったの』と言ったら、赤坂の芸者に行く際に、二十万、三十万って花代だけど、花代は領収書くれんのですよ。それを事務所費で払っていたという話だった」と発言したというのです。

山本氏はその後、「うそをついた覚えはないが、適切じゃなかった」と撤回しましたが、当初の発言が真実を語ったとみるのが自然です。

●あいつぐ「訂正」

内閣改造・党人事を控え、自民党執行部は、同党所属国会議員に〇三年から〇六年までの政治資金収支報告書の〝点検〟を指示、「訂正」を駆け込み的に行う議員が相次ぎました。このこと自体、報告書の虚偽記載が日常的におこなわれていたことを浮き彫りにするものです。

たとえば、家賃が無料の議員会館に資金管理団体「清鈴会」の事務所を置きながら、〇五年に三千万円を超す「事務所費」を計上していた鈴木俊一元環境相。八月二十日に、「事務所費」を二千二百万円以上も減額し、「組織活動費」を千六百万円以上も増やす「訂正」を行いました。これだけ、高額なら間違いのしようがないはずです。

しかも、千九百三万円に増えた組織活動費のうち、報告義務のある五万円超の支出は、「為書印刷料」七万八千七百五十円のわずか一件だけで、あとはすべて領収書添付の必要のない五万円以下で処理、透明度は〇・四%にすぎません。

表に出せない都合の悪い支出を「事務所費」で処理していたという疑惑を膨らませるものです。

ほかに、かけこみ「訂正」した一連の議員のうち、谷垣禎一元財務相が「事務所費」を「光熱水費」に、谷川弥一衆院議員が「光熱水費」を「事務所費」に、宮路和明元厚生労働副大臣が「組織活動費」を「事務所費」や「備品・消耗品費」に、鈴木恒夫衆院議員が「事務所費」を「人件費」に、それぞれ費目の「付け替え」の訂正をしました。

費目として間違えようのないものです。明らかに違法な虚偽報告をしていたということになり、訂正すればすむような話ではありません。

虚偽報告は自民党議員だけではありませんでした。

民主党の中井洽元法相は、自民党議員に先だって訂正しました。

中井氏は、資金管理団体の「事務所」を電気代や水道代がかからない議員会館に置いていますが、九七年から〇五年までの「光熱水費」が総額三千万円を超しました。

同氏の会計責任者は、「本来は別の項目に記載すべき議員連盟の会費やタクシー代、慶弔の花代などを、疑問を持たずに間違えて計上していた」として、〇三年から〇五年の三年分の収支報告書を訂正しました。

●二重計上、五重計上

政治資金収支報告書に添付される領収書は、現物ではなく、コピーのため、赤城元農水相同様、二重計上が明らかになった議員も続出しました。

塩崎前官房長官の場合は、塩崎事務所の女性職員が、塩崎氏が支部長の政党支部の政治資金の一部を流用していたという〝事件〟にまで発展しそうです。

同氏の事務所などによると、この職員は約六百三十万円の流用を隠ぺいするため、〇五年の選挙運動費用収支報告書に添付した領収書の一部を同支部の政治資金収支報告書に二重添付していたもの。塩崎氏は七月末、赤城氏の二重計上が発覚したとき、官房長官として、「政治資金の収支報告というのは、的確に行われるのが当然視されている」と人ごとのように語っていました。

衛藤征士郎元防衛庁長官も、資金管理団体と関連政治団体が〇四年、〇五年分の収支報告書に郵便代や通信費計約九十八万円を二重計上していたとして、訂正しました。

驚くのは、衆院政治倫理審査会の会長、玉沢徳一郎元農水相です。同氏が支部長を務める「自民党岩手県第四選挙区支部」が〇三年の収支報告書で、じつに一枚の領収書を五重計上していたのです。

同支部の収支報告書には、「０１０９８７」の通し番号が付けられた領収書のコピーが五枚、「０１０９９０」が三枚、「０１０９９１」が二枚の計十枚が添付されていました。添付された番号が重複する領収書は、日付の「九月二十五日」が明らかに「八月二十五日」に書き換えられた跡があったり、交付先の欄と使途を書き込む「ただし書き」の欄で筆跡が異なったり、改ざんが明白です。

玉沢氏は、領収書の改ざんを認め、報告書を訂正したうえ、衆院政治倫理審査会長を辞任し、自民党を離党しましたが、違法行為を行ったという認識と対応が求められます。

「改正」政治資金規正法の問題点

自民、公明の与党は、相次ぐ「政治とカネ」の問題への批判をかわすため、先の通常国会で政治資金規正法を「改正」しました。ところが、その内容は、領収書添付義務の対象は五万円以上、しかも資金管理団体だけで、その他の政治団体は対象外といううしろものです。一般紙も「抜け穴だらけ」「カネの流れ把握困難」と酷評しました。

実際、日本共産党の井上哲士参院議員が六月二十八日の参院政治倫理・選挙特別委員会で、「改正」案の提案者だった公明党の東順治副代表（衆院議員）の政治資金をとりあげて、そのザル法ぶりを追及したことがあります。

井上議員によると、福岡市内の民間ビルに事務所を置く東氏の資金管理団体「ビジョン21」は〇四年、〇五年とも、事務所費、光熱水費、人件費の支出がゼロです。一方、同じ場所に事務所を置く、東氏が支部長の「公明党衆議院比例区九州第3総支部」は、〇四年、〇五年とも千七百万円もの経常経費の支出がありながら、領収書が必要な政治活動費は〇五年の「調査研究費」三万六百九十九円の支出が一件あるだけでした。

井上議員が、「資金管理団体の事務所費、光熱水費、人件費を政党支部に付け替えているのではないか」とただすと、東氏は「事務所費は総支部として収支の報告をしている。よってビジョン21では、出てこない」と付け替えの事実を認めました。

これは、「別の政治団体に付け替えれば、チェックのしようがない。現在より資金の流れが分かりにくくなる可能性がある。バケツの底が抜けている状態だ」(岩井奉信・日大法学部教授=「東京」六月三十日付)という指摘そのものです。

徹底究明が必要だ

内閣改造にあたって「身体検査」をすすめてきた安倍首相は、政治資金規正法の「改正」を改めて自民党執行部に指示しています。

ところが、八月三十日には、荻原健司経済産業政務官（参院議員）が、自宅の電気代約八万八千七百円を自身が支部長の「自民党東京都参院比例区第三十二支部」の光熱水費に計上していたことがわかりました。

翌三十一日には、遠藤武彦農水相（当時）が支部長を務める「自民党山形県第二選挙区支部」が総選挙期間中の〇五年九月、農水省所管の独立行政法人から補助金の交付を受けている「山形県家畜商業協同組合」から五万円の献金を受けていたことが発覚しました。政治資金規正法は、国の補助金の交付決定を受けた法人が一年以内に献金することを禁じており、遠藤氏の場合は、違法とはならないものの不適切な献金。遠藤氏は返金し、収支報告書を訂正しました。

その後、日変わりのように「訂正」する閣僚、政務官らが続出しています。

改造内閣の船出早々の「政治とカネ」の腐った関係の続出――。これは、その大本に自民党をはじめとする政党の異常な金銭感覚と安易な収入があるからです。その主要な温床となっているのが、企業・団体献金であり、国民の税金を分け取りする憲法違反の政党助成金です。

日本共産党は、規正法「改正」という〝制度いじり〟で「一件落着」させるのではなく、いま明るみに出ている疑惑の真相を徹底的に解明し、安倍首相を含めその責任を追及することが必要だと考えています。同時に、企業・団体献金の全面禁止、政党助成金制度の廃止などの根本策を提起しています。

参院選の結果は、参院では野党多数となり、安倍首相の責任追及や真相の徹底解明に有利な条件もつくりました。企業・団体献金も政党助成金も受け取らない唯一の政党、日本共産党の機関紙「しんぶん赤旗」だからこそ、「政治とカネ」の問題の核心をついた報道ができます。

（『月刊学習』２００７年10月号）

Ⅲ

政党助成金は日本の政治に何をもたらしているか

――政党のあり方を考える

「政治改革」の名のもとに、小選挙区制とともに一九九五年に導入された政党助成金制度。導入以降、新党の乱立と消滅が繰り返されるなど、政党のあり方が問われる事態になっています。今回の総選挙でも、五日で消滅した政党があると思えば、選挙後、投票した何百万人もの有権者そっちのけで、十日あまりで「分党」する政党など、相も変らぬ事態です。自民党が四割台の得票で八割近い議席を得るなど、小選挙区制の害悪もあらためて明白になりました。ここでは、政党助成金が、「政治改革」とは程遠い、日本の政治にもたらした「政党の堕落」「害悪」「政治のゆがみ」などについて考えてみます。

十八年で五千六百七十七億円の税金分け取り、カネ目当ての離合集散

一九九五年の導入以来、二〇一二年までの十八年間で、じつに五千六百七十七億四千百七十七万円もの政党助成金が、日本共産党以外の政党にばらまかれました（表参照）。

18年間（1995年〜2012年）で各党が受け取った政党助成金額（億円）	
自民党	2566
民主党	1712
公明党	420
社民党	338
その他	641

この原資は、赤ちゃんからお年寄りまで国民ひとりあたり年間二百五十円の税金です。受け取り額のトップは、自民党で二千五百六十六億円。累計総額の四五・二％を占めます。つづいて民主党が一七一二億円で三〇・一％、公明党は四百二十億円で七・四％などとなっています。

驚くべきことは、この十八年間で政党助成金を受け取った政党の数は二十八（党名変更は一党でカウント）にものぼることです。うち二十一党は、政党助成金を手にすると、政策や理念そっちのけの離合集散を繰り返したり、政党要件を失って消滅しました。政党助成金の分配は一月一日現在の所属国会議員数などで決められるため、制度発足以来、年末になると、政党の離合集散や復党劇が繰り返されてきたので

す。「国会議員が5人以上集まるだけで1億円」といわれるように、新党結成がいかに政党助成金目当てだったかということを浮き彫りにするものです。

たとえば、政党助成金制度がスタートしてまもない一九九六年の末には、新進党の一部の議員が「太陽党」を旗揚げしました。一方、新進党は九七年十二月二十七日の議員総会で解散を決定し、同三十一日付で解散。九八年一月四日に「分割協議書」に署名、六党の名前や所属議員などを確定(結党大会や設立総会は一月四日〜十二日)しました。一月一日時点で、党名も所属議員数もはっきりしていなかった「新党」六党が、新進党の九七年分の政党助成金九十三億円を山分けしました。旧新進党の〝遺産〟は、その後、多くが議員個人の資金管理団体や、議員みずからが支部長を務める選挙区支部に回されました。「政党本位の政治の実現」というふれこみだった政党助成金が、政党の離合集散の動きにしたがって議員個人のふところに入っていったというわけです。

しかも、許されないのは、のちに「公明」に合流した「黎明クラブ」や、「民政党」をへて民主党に合流した「国民の声」は、九八年二月上旬には解散するなど、助成金確保だけをねらった事実上の〝ペーパー政党〟だったことです。また、民主党に合流した「新党友愛」は分配を受けた政党助成金のうち、十億六千万円を解散時につくった政治団体「友愛協会」に移しています。

二〇〇〇年十二月には、参院院内会派の「参議院の会」が、衆院の無所属議員4人と新党「無所属の会」を結成し、二億二千七百万円を手に入れました。

二〇〇六年十一月、「郵政選挙」でいわゆる〝造反組〟とされた十一人が自民党に復党したのも、政党助成金が大きくかかわっています。無所属議員のままでは、政党支部に配られる助成金の〝恩恵〟にあずかれないからです。自民党の側にも、復党を認めることで、二億六千万円もの「増収」となるという〝うま味〟がありました。

二〇一二年末には「新党日本」、「太陽の党」、「新党きづな」、「新党大地」の四党が、総務省に解散届けを提出していながら「特定交付金」という名目で、二〇一二年最終分の政党助成金を受け取りました。あわせて一億五千五百二十三万円です。こうしたことができるのは、五人以上の国会議員がいることなどの政党要件を満たさなくなった場合でも、政党助成金を受けたいと申請すれば残額分の一部をもらえる〝抜け道〟規定が政党助成法にあるためです。

なかでも露骨なのは、石原慎太郎代表で発足した「太陽の党」です。政党助成金の交付対象となっていた「たちあがれ日本」を「太陽の党」に党名変更することで政党助成金受け取りの「権利」を引き継ぎました。その後、橋下徹大阪市長率いる「日本維新の会」に合流し、解散届とあわせ二〇一二年の政党助成金の残額（十二月分）二千八百九十六万円を受け取りました。「維新」への〝持参金〟となったかっこうです。

結党後、たった五日で、消えた「太陽の党」の一方、一か月の「未来」だったのは、「日本未来の党」。一二年十二月二十七日、元民主党代表の小沢一郎氏系の「生活の党」と嘉田由紀子代表（滋賀県知事）の「日本未来の党」に分裂し、「未来」が一三年に受け取る見込みだった八億円あまりの政党助成金が「生活の党」に引き継がれることになりました。

さきの総選挙で衆院議席が改選直前の二から一へと減り、衆参あわせて四議席となった「国民新党」。民主党政権で連立与党の一角を担っただけに「役割を終えた」と解党を主張し、離党する議員もいましたが、得票率は二％を超えていたため、政党助成法上は二〇一三年分の政党助成金受け取りは可能であることから、今年夏の参院選で改選となる自見庄三郎代表が党の存続を決め、助成金を受け取る道を選択しました。

以上、みてきたように、年末ごとに繰り返される新党設立、分党騒ぎは、何を示しているのか――。「まさか政党交付金欲しさで政党を作っているわけではなかろう。だが国会議員が集まれば政党になる、政党などいつでもできると、政治家自身が勘違いしていないか」（「毎日」ことし一月三日付社説）という指摘もあります。

政党とは共通の綱領、理念で結集し、それにもとづく政策、公約を掲げて国民の支持を得て活動する、自主的な集団です。こうした政党本来のあり方が、政党助成金制度によって根本からむしばまれてきていることを、制度導入以来、十八年の歴史が証明しています。

〝税金づけ〟の国営政党　感覚まひ、企業献金も野放し

政党助成金は、もともとリクルート事件や佐川・暴力団事件、ゼネコン汚職など、企業と政治家をめぐる金権・腐敗事件があいつぎ、企業・団体献金をなくすという口実で一九九五年から導入されたものです。政党助成法第1条が、「民主主義の健全な発展に寄与する」ことを目的に掲げているとおりです。

ところが、九五年一月施行の「改正」政治資金規正法は、付則9条で、政治家個人への企業・団体献金について、施行五年後に「これを禁止する措置を講ずる」と明記、同10条で、政党への企業・団体献金のあり方についても、五年後に「見直しを行うものとする」と規制の方向を明らかにしたにもかかわらず、企業・団体献金禁止はその後、今日にいたるまで、なんら具体的な進展をみせていません。税金（政党助成金）と企業・団体献金の

「二重取り」という「民主主義の健全な発展」とは、無縁な状態が続いているのです。

そもそも、九五年の最初の政党助成金獲得をめぐって、九四年には姑息なことがおこなわれました。各政党が受け取る政党助成金の額は、前年の実収入（中央・地方をあわせた総収入から、中央と地方の重複分、借入金、交付金などを除いた額）の三分の二という上限があったため、満額獲得をもくろんで、九四年中に、助成額の一・五倍の資金集めをしなければ、と企業への無心やパーティー券販売など、企業・団体献金集めに奔走するという事態が横行したのです。前年実績170億円と収入額が飛びぬけている公明党が、分党大会を開き、地方議員を中心として「公明」を存続させつつ、一方の「公明新党」が新進党に参加する形をとったのも、政党助成で新進党に最大限、〝貢献〟するためでした。

公明党の分党方式は、「政党とは何か」という根源的なものを投げ捨て、国民の思想・信条、政党支持を無視して強制献金を強いる憲法違反の助成金分け取りを最優先する最たるものです。

こうして集められた九五年の政治資金収支報告書は、何を明らかにしたでしょうか。各党本部の収入に占める政党助成金の比率は、自民党五七％、新進党六八％、社民党五五％、さきがけ五六％というものでした。党収入の半分以上を国民の税金に頼ることになったのです。しかも、「企業献金をなくすため」という導入の口実をよそに、自民党、新進党などは企業献金と政党助成金の両方を受け取って平然としていました。

企業・団体献金は廃止どころか、政党助成金との「二重取り」という事態は、いまや定着してしまっています。昨年十二月の総選挙の投票日の直前、「朝日」社説が、「甘えの姿勢いつまで」と題して、「税金を原資とする政党交付金は、共産党と一部の新党を除く各党が受け取っている。『企業・団体献金の禁止』が制度導入の前提だった。それがいっこうに進まないまま交付金を受け取っているのでは、二重取りではないか」と指摘したとおりです。

二〇一一年の政治資金収支報告書によると、一一年に受け取った政党助成金が、収入全体に占める割合は、自民党七二・五%、民主党八三・二%となっています。「既得権益に食いつぶされてきた国民の貴重な税金を……国民のもとに取り戻します」と衆院選公約（アジェンダ）に盛り込んだ「みんなの党」にいたっては、九六・八%です。

政党助成金導入時、各党が「民主主義のコスト」といい、いま、みんなの党が、「業界団体頼みの献金を断ち切り、しがらみのない政治を実現するため、政治活動への公的助成は必要」（一二年十一月三十日、党談話）と露骨に合理化しても、税金にどっぷりつかった「国営政党」ぶりは、覆い隠すことができません。

国民の政党支持とは関係なく、税金を山分けする公費依存の〝毒〟は、各党に回っています。

今回の総選挙でも、これでもか、これでもかと流されたテレビCM（コマーシャル）などに、莫大なお金が投入されましたが、この原資は政党助成金です。政党助成金導入後、最初の総選挙があった一九九六年にも、各党本部・支部の「基金」としてためこまれていた政党助成金が、いっせいに吐き出されました。九六年の各党の支出のうち、選挙関係費の合計は百五十八億円にのぼりました。前々回総選挙九〇年の七十八億円、前回総選挙九三年の七十億円と比べても、倍増です。政党助成金は、小選挙区制度のもとで、「カネのかかる選挙」を助長し、選挙の公平を著しく阻害する役割を果たしたのです。

税金による政党CMが、すさまじい規模でおこなわれている実態が、明らかになったことがあります。

二〇〇七年六月、日本共産党の吉井英勝衆院議員（当時）が、〇一年～〇五年の「政党交付金使途等報告書」を調べた結果によるものです。

自民党は、この五年間で七百四十六億九百万円の政党助成金を受け取り、このうち、テレビCM費用などの「宣伝事業費」の占める割合は一七・九％で、百三十六億八千九百万円。ほぼ二割（一九・六％）の二十六億八千万円が「電通」でした。

一方、同時期に五百三億八千八百万円の政党助成金を受け取っている民主党は、「宣伝事業費」が二三・七％を占め、百十九億五千八百万円を支出していました。発注先は、「博報堂」が七十三億三千五百万円（六一・三％）でトップ。

自民、民主両党とも政党助成金の二割前後を「宣伝事業費」に使っていたのです。しかも電通、博報堂の二社は、政府広報を二社で六割近く、ほぼ独占的に受注（当時）しており、大手広告業者の「政治関与」という民主主義にとっても、重大な問題を抱えています。

税金の「身内企業」への還流

「政党の堕落」、感覚まひという点では、「身内企業」への発注という問題も明らかになっています。いわば、税金の還流です。

「しんぶん赤旗」の調べによると、自民党の経理局長（国会議員）や事務総長など幹部職員が役員を務める二つの株式会社が、自民党から政党助成金で二〇〇三年～〇六年の四年間で約八十二億円もの仕事を受注していたのです。

二つの身内会社は、いずれも東京・永田町の自民党本部近くにある世論調査会社「日本情報調査」（資本金一千万円）と、広告代理店「自由企画社」（同二千万円）。日本情報調査は、〇三年三月に「政治、経済、文化、生活、その他各種情報の収集、処理及び販売」を目的に設立。岸田文雄外相、山本有二元金融・再チャレンジ担当相、細田博之元官房長官など、自民党の歴代経理局長が代表取締役を務めています。同党本部の事務総長はじめ、事務局次長、経理局事務部長らが取締役に名前を連ねる、いわば、自民党直轄の企業です。

同党が総務相に提出した「政党交付金使途等報告書」によると、選挙関係費と調査研究費のなかで、それぞれ「調査費」として、〇六年までの四年間で計十億二千三百万円の支出がありました。

一方、自由企画社は、一九七二年の総選挙で日本共産党が躍進したことに危機感を深め、反共キャンペーンをすすめた当時の橋本登美三郎幹事長の提唱により、翌七三年十月、「自民党の直属の広告代理店」として発足した会社。同社にも、「宣伝広報費」「筆耕翻訳料」「印刷製本費」などの名目で、この四年間で計六十九億八千万円にのぼる支出がありました。

この四年間に自民党が受け取った政党助成金の総額は、六百三十五億五千七百六十六万円。二社への支出は、あわせて八十二億千七百七十八万円で、じつに一二・九％。一割以上の税金が身内企業への発注という形で還流していたことになります。

自民党は、二〇〇七年も、自由企画社に三十億四千四百八十三万円、日本情報調査に四億七千五百五十三万円、二社あわせて三十五億二千万円の支出がありました。これは、同年に受け取った政党助成金百六十五億九千六百万円の二一・二%。こうした二社への支出は、いまも続いており、「税金の身内企業への還流」は重大です。

一方、民主党は「身内企業」ではないものの、政党助成金を使って、「調査委託費」という名目で、特定企業に巨額の支出をしていたことが、「しんぶん赤旗」の調べで明らかになりました。

総選挙があった〇九年の「政党交付金使途等報告書」によると、調査委託費は、約二億六千万円。六団体・一個人が委託を受けていましたが、八割以上の約二億一千七百万円を受注していたのは、「プライムライン」(横浜市、資本金五百万円)という横浜中華街東口近くの二十五階建て高級マンションの一室が登記簿上の本店所在地になっている会社でした。同社の代表取締役は、〇四年に民主党の調査委託費を約一億五千万円、受注していた「ユニコンサル」(〇七年七月閉鎖)の取締役でしたが、プライムラインは、〇五年以降、民主党の調査委託費をほぼ独占的に受注し、〇五年~〇九年の五年間で、その額は九億二千四百二十六万円にのぼっています。原資が国民の税金であるにもかかわらず、その委託、支出が適正なものなのか、第三者にはわからない実態は、もどかしいものがあります。

原資は国民の税金なのに、使途は〝闇の中〟

政党助成金導入の目的について、当時の細川・非自民連立内閣は「政治腐敗事件が起きるたびに問題となる企業・団体献金については、腐敗の恐れのない中立的な公費による助成を導入することなどにより、廃止の方向に踏み切る」(一九九三年八月)と説明してきました。

ところが、松岡利勝農水相(故人)らの事務所費問題や、口利き疑惑、献金不正処理問題など、金権・腐敗事件は後を絶たず、企業・団体献金も野放しのままです。「中立的」だという政党助成金そのもののとんでもない使われ方や「私物化」も後を絶ちません。以下、具体的な例をみていきましょう。

◎「民主主義のコスト」が「買収のコスト」

「被告は公的資金をいわば私物化し、それを取り繕うために、政党助成金や政治資金規正法の趣旨を踏みにじる犯行に及んでいた」――。一九九九年七月十四日、東京地裁は政党助成金の不正流用・虚偽報告、受託収賄罪など五つの罪に問われた元自民党衆院議員、中島洋次郎被告にたいし、二年六月の実刑判決を言い渡しました。

中島被告の一連の事件は、九六年十月の総選挙で、現金をばらまき、その資金を穴埋めするために、国民の税金である政党助成金と、防衛政務次官の立場を利用して得たワイロをあてたというもの。政党助成金が「清潔な政治」の実現どころか、腐敗の温床になっていることを象徴的に示すものでした。

二〇〇三年十一月の総選挙でも、政党助成金が買収資金となったことがあります。埼玉8区で初当選した自民党の新井正則議員は、選対幹部らに現金を渡し買収を指示した疑いで、公選法違反（買収）の疑いで逮捕されました。この買収の原資は、自民党本部から新井氏が支部長の「自民党埼玉県8区選挙区支部」に交付された政党助成金でした。

検察側は論告で「被告は買収行為に当たることを十分に理解していたにもかかわらず、国民の税金である政党交付金で安易に買収をおこなった。積極的に証拠隠滅を図り、悪質といわざるを得ない」「国民の政治不信を招く行為で、責任は重大」と懲役四年、追徴金二百六十万円を求刑。〇四年六月、さいたま地裁は懲役三年、執行猶予五年、追徴金二百二十万円の有罪判決を言い渡しました。この選挙で、「日本の政治をアライます」などとＰＲした新井氏を、総裁派閥だった自民党森派幹部として応援した小泉純一郎首相、安倍晋三幹事長（当時）の責任も重大です。

この総選挙では、愛知15区で落選、比例で復活当選した民主党の都築譲衆院議員も、公選法違反（買収約束など）の罪に問われた元公設秘書と選対事務局長の両被告の公判に証人として出廷、買収資金について「政党交付金だったと思う」と証言したことがあります。「民主主義のコスト」として導入された政党助成金が「買収のコスト」になっていたわけで、語るべき言葉もありません。

◎料亭で「会議」、携帯ストラップも

政党助成法は、「国は、政党の政治活動の自由を尊重し、政党交付金の交付にあたっては、条件を付し、又はその使途について制限してはならない」（第4条1項）と規定しています。使途に制限がなく、何に使おうが勝手だというのです。しかし、原資は国民の税金です。次のような「政治活動」とは無縁な使われ方が許されるでしょうか。

一九九八年の「政党交付金使途等報告書」によると、二十八億七千万円の交付を受け、旧新進党から十三億三千万円を引き継いだ自由党。経常経費の事務所費や調査研究費のなかに、「会議費」という名目が五十六回もありました。料亭や中華料理店、パーラーでの飲

み食いが含まれていました。個々の政治家でも、公明党の益田洋介参院議員が支部長を務める同党参院比例区第七総支部は、「渉外費」として東京・銀座の飲食店に計七回、約二百二十万円を支出。接待の女性が付く店で一回に約六十五万円の支払いもありました。

二〇〇二年の政党交付金使途等報告書では、自民党の安倍晋三幹事長（現首相）が携帯電話の「携帯ストラップ」五千個、七十三万二千五百円を政党助成金で買っていました。石原伸晃国土交通相（現環境・原発担当相）はデジタルカメラを購入していました。

○四年の政党交付金使途等報告書を詳細に調べてみると、選挙違反対策の弁護士費用から除雪費、ストーブ代、台所用品、料亭で飲み食い……といったあきれた使い方が浮かび上がってきました。

同報告書によると、各党は各国会議員・候補者が支部長を務める選挙区支部に盆暮れなど数回にわたって政党助成金を交付しています。一人あたりの受取額は、おおむね自民党が一千五百万〜二千万円、民主党が一千万〜二千七百五十万円、公明党が九百万〜二千四百万円など。問題は、その使い道です。

○三年十一月の総選挙で選挙違反を出し、連座制適用で失職した民主党の今野東元衆院議員（宮城1区）は、「法律相談料」百万円の支出が東京の法律事務所にありました。除雪費を支出していたのは、自民党の吉川貴盛衆院議員（比例北海道）四十二万円、近藤基彦衆院議員（新潟2区）五万二千八百九十二円など。ストーブ購入代などを支出していたのは、自民党の遠藤利明衆院議員（山形1区）六万九千九百三十円、阿部正俊参院議員（山形）、吉野正芳衆院議員（福島5区）の各七万五千六百円など。沖縄4区の西銘恒三郎衆院議員はクーラー代五十万四千円。金子恭之衆院議員（熊本5区）は、浄化槽清掃料六万八千六百八十円のほか、小便器取り換え代五万六千三百十一円まで。福岡資麿衆院議員（佐賀1区）は「カーテン・カーペット・台所用品」しめて六万二千九百六十九円。石原前国交相（衆院東京8区）は、七月に開いた支部大会で、演出用の煙を噴き上げるため「特殊効果費」十五万七千五百円を支出していました。公明党の福島豊衆院議員（大阪6区）は、大阪府門真市内の料亭に「議員研修費」名目で五万一千八百円の支出をしていました。

政党助成法4条2項は、「税金その他の貴重な財源で賄われるものであることに特に留意し……国民の信頼にもとることのないように……適切に使用しなければならない」と定めていますが、「適切な使用」とは程遠い、何の歯止めにもなっていないことを示しています。

政党助成法によると、助成金の使途は、組織活動費や宣伝事業費などは一件あたり五万円以上のものは、金額と支出目的、日付、支払い先などを記載する必要があります。人件費はその必要がないため、政党助成金の使途をあれこれ詮索されるのを避けるためか、党本部から受け取った助成金を全額、「人件費」に使ったと報告する政治家もかなりいます。携帯ストラップへの支出が指摘された安倍首相も、二〇一一年の報告書では、党本部から受け取った六百万円を全額「人件費」として支出したと報告しています。

ところが、覚せい剤取締法違反で逮捕、起訴され有罪判決を受けた民主党の小林憲司元衆院議員（愛知7区）も、〇四年分の報告書で、一千万円すべて人件費と報告していました。覚せい剤の購入役を務め、有罪となった私設秘書の人件費も政党助成金だった可能性がありますが、すべて「人件費」として報告すれば、その使途はチェックできないという文字通りの「つかみ金」になっていることは重大です。

◎親族会社に還流、幹事長の地位利用

政党助成金を、親族会社などを介して還流させている政治家もいます。

「みんなの党」代表の渡辺喜美代表です。自民党の閣僚（金融・行革担当相）だった〇七年、支部長を務める「自民党栃木県第3選挙区支部」が、一九九六年～〇六年までの十一年間に、政党助成金を使って家賃などを親族会社に八百三十万円も支払っていたことが、「しん

ぶん赤旗」の調べでわかりました。

同支部の「政党交付金使途等報告書」によると、「家賃」「借料損料」「敷地借り上げ料」の名目で、政党助成金から支出を受けていたのは、同氏の父親、故渡辺美智雄氏（自民党副総裁、蔵相などを歴任）の資産管理などを目的としたファミリー企業「和三紫《わさし》」と、同氏や同氏の母親らも役員に名前を連ねた「(株)渡辺美智雄経営センター」の二社。政党助成金という税金が「家賃」などのかたちで、二つの親族会社に還流していたのです。

昨年の総選挙で、長男に地盤を譲った自民党の武部勤元幹事長も、幹事長在任中だった〇五年九月、二男が経営する会社に、同党本部が受け取った政党助成金から組織活動費として「筆耕翻訳料」名目で三十万円を支出していました。同党の〇五年の政党交付金使途等報告書でわかったもの。この会社は「ライフロング」（資本金九百万円）で、登記簿によると、業務は「飲食店の経営」「経営コンサルティング」「広告、書籍の企画・出版・販売」「有価証券の投資」など。役員は武部氏の二男だけで、JR渋谷駅近くの本店所在地となっているビルには、同社の会社事務所はなく、同社が経営するタイ料理店が入居していました。

武部氏は、〇四年九月から〇六年九月まで幹事長を務め、党本部の会計責任者で、政党助成金の使途全般を統括する立場にありました。自民党は「自民党直属の広告代理店」として発足した「自由企画社」に毎年、多額の「筆耕翻訳料」や「宣伝広報費」を発注していますが、幹事長の「地位」を利用してみずからの親族会社にも発注し、税金を還流させていた疑いもあります。

◎娘のゴルフ大会のおっかけ、本人・妻に出張「日当」

娘のゴルフ大会のおっかけや、議員本人はじめ妻の出張費まで、政党助成金で出していたという例もあります。

国会議員というより、女子プロゴルファーの父親として知られる民主党（当時）の横峯良郎参院議員（比例）が、支部長を務める「民主党参議院比例区第五十七総支部」の二〇〇九年の政治資金収支報告書によると、「組織活動費」の項目で、宿泊代、航空運賃代、鉄道乗車券代、タクシー代、駐車場代など百五十五件、総額約二百九十万円の支出が記載されていました。このうち、三〜十一月に高知県や静岡県、北海道、兵庫県などで開かれ、娘のさくら選手が出場したゴルフトーナメント十七大会の開催地などへの交通費や宿泊代などの支出は計六十九万円余にのぼっています。

同支部の〇九年の収入は、民主党本部から四回にわたって受け取った計一千万円の政党助成金がすべて。横峯議員は「『さくらパパ』と呼ばれて当選した以上、ゴルフと政治活動は切り離しがたい」とコメントしましたが、国民の税金で、娘が出場したトーナメントの〝おっかけ〟をしていたことになります。

議員本人や妻、秘書などの出張費を政党助成金から出していたのは、国民新党の長谷川憲正・元総務政務官（参院比例、二〇一〇年参院選で落選）です。長谷川氏が支部長の「国民新党参議院東京第二支部」の〇八年の政治資金収支報告書と政党交付金使途等報告書によると、「組織活動費」のなかに、「旅費交通費」として、八十五件の出張、合計千八十九万五百七十円の支出が記載されていました。組織活動費の七割以上に相当します。

支出をうけたのは、長谷川氏本人が二十七件、妻が十九件、政策秘書が三十一件、公設第一秘書、同第二秘書が各三件など。出張先は北海道から沖縄まで全国にわたっています。長谷川氏の事務所では、出張費に「日当」や「宿泊費」をふくめており、国民の税金が長谷川氏らの個人的な「所得」となっていた可能性があります。

◎政党助成金を自分の〝財布〟に移動

所属する党本部から受け取った政党助成金を自分の資金管理団体に移し替えるという税

金の「私物化」も目立ちます。

二〇一〇年に自民党を離党した与謝野馨元経済財政政策担当相、鳩山邦夫元総務相、園田博之前「たちあがれ日本」幹事長（現在、「日本維新の会」）の三氏は、離党届提出前後に、みずからが支部長を務める自民党の政党支部から、自身の資金管理団体に政治資金を移動させていました。

その額は、与謝野氏一億九千六百二十七万円、鳩山氏二千二百十八万円、園田氏千七百九十三万円ですが、〇九年の政党交付金使途等報告書によると、三氏が支部長だった政党支部は、いずれも自民党本部から一九五〇万円の政党助成金を受け取っていました。政党支部は企業・団体献金や政党助成金を受け取る「財布」になっていますが、この政党支部でためこんだカネを離党とともに、もう一つの「財布」である資金管理団体に移動させるという、まさに税金の私物化です。

政党の幹部二人で政党助成金を分けあっていたのは、「新党改革」です。舛添要一代表と荒井広幸幹事長（いずれも参院議員）は、みずから支部長を務める新党改革の支部が受け取った政党助成金を、それぞれ自身の資金管理団体に移し替えていました。

二〇一一年の政党交付金使途等報告書によると、新党改革は、一一年に国から一億一千九百四十一万円の政党助成金を受け取り、舛添氏と荒井氏が支部長の支部にそれぞれ四千百万円を交付しました。舛添氏の支部は、同氏の資金管理団体「グローバルネットワーク研究会」にたいし、五回にわけて計千九百六十万円を移しました。荒井氏の支部は、同氏の資金管理団体「荒井広幸後援会」にたいし、三回にわけて計千二百二十万千九十五円を移しました。新党改革の代表と幹事長の二人で、計三千百八十万円余。同党が国からもらった政党助成金の二六・六％に相当する額を自分たちの「財布」に入れたことになります。

◎政党助成金を国庫に返さず、「基金」として蓄財

政党助成金は国民の税金なので、あまったら「国庫」、国に返却するのがあたりまえです。〇九年に約百五十万円を使い残した公明党の沢雄二前参院議員が支部長の「公明党参院東京選挙区第三総支部」にたいし、片山善博総務相（当時）は、政党助成法にもとづき、国庫への返納を命令したことがあります。

しかし、「基金」に積み立てれば、余っても返却しなくていいという〝抜け道〟があり、各党、各政治家は、せっせと「基金」でためこんでいるのが実態です。

二〇一一年の政党交付金使途等報告書によると、一一年末時点の「基金残高」は、民主

各政党の政党助成金基金残高
（2011年末、政党本部、支部の合計）

政党名	基金残高（万円）
民主党	119億9700
自民党	28億 300
公明党	9億8300
みんなの党	6億8700
社民党	3億8400
たちあがれ日本	7200

党が約百二十億円、自民党が約二十八億円などとなっています（表参照）。

報道によると、民主党は昨年十二月の総選挙で落選した候補者に選挙費用や当面の活動資金として、臨時交付金を支給していました。支給額は、前職二百万円、新人百万円。離党や他党からの参院選出馬を防ぐねらいの「お年玉」とか。総額は四億円を超えるとみられますが、原資は政党助成金です。

「政党を援助するのではなく、困っている東日本大震災、東京電力福島第1原発事故の被災者支援に使ってほしい」――。国民の税金を返還することもなく、蓄財に走っている各党は、こうした叫びにも似た思いにどうこたえるのか。

憲法違反の政党助成金制度は、いますぐやめよ

総務省は一月十七日、政党助成法にもとづき、日本共産党を除く十党が二〇一三年分の

政党交付金の受け取りを申請したと発表しました。昨年末の総選挙の結果、各党の政党助成金見込み額は、自民党が一二年比で四三・八％増えて百四十五億五千万円、民主党が同四八・三％減の八十五億三千四百万円などとなっています（表参照）。

日本維新の会は「政党助成金三割減」を掲げながら、ちゃっかり申請。「みどりの風」は昨年十二月二十八日には「日本未来の党」を離党した亀井静香衆院議員と、「新党大地」を離党した平山誠参院議員を迎え入れ、政党要件を満たして申請しました。

2013年に各党に交付される政党助成金の見込み額（万円）	
自民党	145億5000
民主党	85億3400
日本維新の会	27億1500
公明党	25億5700
みんなの党	17億8900
生活の党	8億1600
社民党	5億4100
みどりの風	1億3800
国民新党	2億4600
新党改革	1億2400

（注）100万円未満は切り捨て。参院選の結果で再算定される。

国民に消費税増税などの負担増を押しつけようとしながら、ことしも三百二十億一千四百万円もの税金を山分けしようとしているのです。

政党助成金は国民ひとり二百五十円で計算されるので、

自民党の交付見込み額は五千八百二十万人分に相当しますが、先の総選挙での同党比例得票は一千六百六十二万四千四百五十七票。約四千百五十八万人分も多く受け取ることになります。「政党を支持するかしないか」「どの政党を支持するのか」といった考慮がまったくなく、国民に〝強制献金〟をさせているのが、政党助成金です。国民の政党支持の自由、思想・信条・良心の自由を踏みにじる憲法違反の制度です。

日本共産党は、企業・団体献金も憲法違反の政党助成金も受け取らず、国民に依拠して自前で財政もまかなっています。だからこそ、財界・大企業にもきっぱりとものが言えます。黙っていても、毎年三百億円を超すカネが、国を通じて下りてくるという税金依存の仕組みが、本来、国民に根ざす政党のありかたをゆがめ、政党、政治家の感覚をまひさせ、堕落を加速させています。「政治も身を切るべきだ」というのなら憲法違反の政党助成金をいますぐ廃止すべきです。

（『前衛』２０１３年３月号）

みんなの党・渡辺喜美前代表の巨額借り入れ問題は何を示したか

みんなの党の渡辺喜美前代表が、化粧品会社「ディー・エイチ・シー（DHC）」の吉田嘉明会長から八億円もの大金を借り入れていたことは、大きな衝撃を呼びました。同党調査チームは四月二四日、「渡辺喜美前代表借入金問題の報告書」を公表、「公職選挙法違反の事実は認められなかった」「政治資金規正法上の違法は存しないものと判断した」と結論づけ、浅尾慶一郎代表も翌日、「資金の流れは解明できた」として、党としての説明責任は果たしたとの認識を示しました。

しかし、各紙社説が「全容解明には程遠い」（「東京」）、「内部調査でも疑念は晴れない」

（「読売」）、「借金ですむはずがない」（「朝日」）と指摘したように、一件落着とはなりません。

八億円ものカネを何に使ったのか

最大の疑問は、「お金もないが、しがらみもない」とアピールしていた渡辺氏が、二〇一〇年六月三十日の三億円、一二年十一月二十一日の五億円、あわせて八億円ものカネを何に使ったのか、ということです。借り入れ時期は、一〇年七月の参院選と、一二年十二月の衆院選の日前です。

当初、渡辺氏は、「個人として、政治家として生きていく、もろもろの費用」などとのべ、具体的な使途については、唯一、「酉《とり》の市の大きな熊手」などと説明していました。

ところが、吉田会長は、渡辺氏から「参院選のための資金を貸してもらえないでしょうか」「最終的に公認候補は六十人くらいになりそうです。……あと五億ほど必要になります。この分を何とかご融資いただけないでしょうか」とのお願いメールがあったことを明らかにしました。

みんなの党の政治資金収支報告書によると、渡辺氏は、一〇年三月二十九日に五千万円、六月二十一日に一億二千万円を、みんなの党に貸し付け、同党は一〇年六月十二日に一億三千八百万円の供託金を東京法務局に払い込んでいます。また、渡辺氏は一二年には二億五千万円をみんなの党に貸し付け、同党は一二年十一月二十八日~十二月三日に計二億一千六百万円の供託金を東京法務局に払い込んでいます。吉田会長からの借入金が、渡辺氏を経由して、みんなの党の供託金、選挙資金となったことは明白です。

同党調査チームの報告書も、吉田会長からの借入金は、渡辺氏から党に貸し付けられ、候補者の供託金、選挙運動費用として支出された、と認めています。吉田会長も時事通信のインタビューに、「渡辺氏からどこにどれだけ使ったという報告はない。推察だが、大半は選挙の供託金に使われたのではないか。渡辺氏は私に、『供託金だけでもかなり掛かる』と話したことがある」とのべています。

また報告書は、渡辺氏は借金をみずからの選挙に使ったわけではなく、自身の選挙運動費用収支報告書に記載しなくても違法ではない、と説明していますが、選挙に使った以上、報告書に記載する義務があることは当然です。

みんなの党は、一〇年の参院選には、四十四人を立て十人が当選、一二年の衆院選では六十九人を立て渡辺氏はじめ十八人が当選しています。

自民党を離党し、一〇年の参院選比例区でみんなの党公認で当選し、昨年末まで、同党に属し、副幹事長などの要職を務めた「結いの党」の小野次郎幹事長は「金額の多さに驚いた。まったく知らなかった」などと、八億円借り入れ問題が発覚したとき話していましたが、江田憲司「結いの党」代表含め、現在の所属がどうあれ、〝DHCマネー〟で選挙をたたかった候補者には、同様の責任が問われています。

「党勢拡大のため」ですむのか

調査チームの報告書によると、吉田会長からの借入金八億円のうち、約七億一千万円は党への貸し付けや、渡辺氏の妻の口座に保管していたことなどが確認できたとして、残りの約九千万円は、飲食会合費、旅費宿泊費、情報通信費、物品購入費など、「党首および党首夫人として、党勢拡大のための活動に関連して会合を持ったり、情報収集を行うにあたり使用したものである旨の説明をしている」としました。

渡辺氏は以前、これらの支出を「党勢拡大のため」と説明していました。だとすれば、党の政治資金そのものであり、個人的な支出と結論づけるのは無理があります。このような説明がまかり通るなら、高級料亭やクラブなどで「会合」したりしても、個人的な支出だとして、政治資金や選挙運動費用の収支報告書に記載しないことが横行することになってしまいます。

「政治活動が国民の不断の監視と批判の下に行われるようにするため」、政治資金の収支の公開や授受の規正を通じて、「政治活動の公明と公正を確保し、もって民主政治の健全な発達に寄与することを目的とする」とうたっている政治資金規正法の趣旨、目的に反するものであることは明白です。

新たに発覚した六億円余の借金

みんなの党の調査チームの報告書で、新たに発覚した驚くべきことは、渡辺氏がＤＨＣの吉田会長からの八億円とは別に、五カ所から計六億一千五百万円もの大金を借り入れていたということです。

借りた時期は、一〇年の参院選、一二年の衆院選、一三年の参院選と、国政選挙がらみであることは、吉田会長からの八億円と同様です。渡辺氏が国政選挙のたびに巨額資金を調達していた実態が浮かび上がります。

しかし、誰から借りたのかは、「プライバシー」を理由に「Ａ」「Ｂ」「Ｃ」「Ｄ」「Ｅ」などと匿名にしており、不透明感は増すばかりです。五者が個人か法人かも明らかにされていません。何に使ったのかも、一四年四月の「E」からの六千五百万円を吉田氏への返済に充てたことが明らかにされただけです。

政党の代表に大金を貸す背景には何があるのか。

化粧品とサプリメントを主に扱い、千百三十七億円の売上高（一三年七月期）を誇るDHCは、吉田会長が一九七二年に創業した委託翻訳会社「大学翻訳センター」が原点。八〇年代から化粧品販売に乗りだし、一代で美容・健康食品の通信販売で売上高トップの企業に成長、医薬品の製造販売やエステティックサロンの運営・ホテル事業など幅広く事業展開しています。

吉田氏は、渡辺氏への八億円貸し付けを暴露した週刊誌（『週刊新潮』四月三日号）で、「（主務官庁の）厚労省の規制チェックは他の省庁と比べても特別煩わしく、何やかやと縛りをかけて来ます。天下りを一人も受け入れていない弊社のような会社には、特別厳しいのかと勘繰ったりするぐらいです」として、「声高に〝脱官僚〟を主張していた渡辺喜美さんに興味を持つのは自然のこと」と〝接近〟した理由を語っています。

吉田氏は、渡辺氏が自民党を離党し、みんなの党を結党する二カ月前の〇九年六月、渡辺氏から「新党設立資金のために」と頼まれ、渡辺氏のファミリー企業「渡辺美智雄経営センター」が所有する栃木県内の約二九〇〇平方メートルの土地を約一億八四五八万円で購入しています。また、渡辺氏が代表を務める政党支部や資金管理団体などに、個人としてできる制限額いっぱいの献金やパーティー券購入で、判明しているだけで、七〇〇〇万円近い資金提供もおこなっていました。

ＤＨＣは、健康食品の広告などで景品表示法違反の疑いがあるとして、消費者団体から公正取引委員会に処分を要望され、薬事法違反（医薬品効能効果の標ぼう）の疑いで東京都から改善指示を受けたことがあります。

渡辺氏への巨額資金提供は、何らかの見返りを期待したものではなかったのか――。渡辺氏は問題発覚直後の会見で、医療法人「徳洲会」グループから都知事選の直前に五千万円を受け取っていた猪瀬直樹前東京都知事を持ち出し、「（猪瀬氏のような）職務権限はない」としましたが、六千五百万円～二億円ものカネを借りた「Ａ」～「Ｅ」との関係も含めて、渡辺氏には、やましいことはないのか、説明責任があります。

今回の問題がなければ、渡辺氏への計十四億円もの資金提供が「個人の借り入れ」ということで処理され、永久に表面化することなくヤミに葬り去られたかもしれません。こんなことが通用すれば、今後、ヤミ献金はこの方式で――ということになりかねません。

政治資金規正法は、「政治資金が民主政治の健全な発達を希求して拠出される国民の浄財であることにかんがみ、その収支の状況を明らかにすることを旨とし」(第二条)ともうたっています。十四億円といえば、「首相の犯罪」、ロッキード事件の田中角栄元首相の五億円のワイロや、金丸信自民党元副総裁への五億円ヤミ献金の約三倍です。渡辺氏、みんなの党の責任は重大です。

政党助成金で返済期待

吉田会長への返済の元手として指摘されているのは、政党助成金です。吉田会長も時事通信のインタビューに「選挙後に議員が多数当選すれば、政党助成金がみんなの党に入り、その後に返してもらえると認識していた」と話しています。

渡辺氏が、最初の三億円の返済を始めたのは一〇年十二月二十九日の八千七十五万円ですが、直前の二十日には、みんなの党本部に、政党助成金二億四千七百五十一万五千円が入っています。一一年五月二日に五千五百三十六万円、八月二日に五千五百二十万円、一〇月二十八日に五千五百十三万円を返済していますが、それぞれ、その直前に各二億七千九百七万五千七百五十円の政党助成金が党本部に入っています。

政党助成法は、政党助成金を借金返済に充てることを禁じており、同党の政党交付金使途等報告書にも返済の記載はありません。しかし、国民の税金である政党助成金が、返済に充てられた可能性は濃厚です。年間二十億円もの政党助成金を受け取る、みんなの党が、この疑問について、明らかにすることは公党としてはたすべき最低限の責務です。

政党助成金と特定スポンサーからの巨額借り入れ金で渡辺氏の〝個人商店〟として運営されてきたのが、「第三極」といわれた、みんなの党の実態です。日本維新の会とともに、与党と「修正合意」をして、希代の悪法、秘密保護法の共同提案者になるなど、「翼賛政党」としての正体を露呈していますが、今回の事件で、「政治とカネ」の問題でも、自民党の対抗軸となりえないことは明白となりました。

渡辺氏に対しては、公選法違反などの疑いで東京地検に告発状が出されています。渡辺氏は、同党調査チームの報告書について、「法的にも道義的にも問題ないと判断していただいた」とコメントしましたが、違法な点は本当にないのか、国会の場を含め、徹底的に解明することが求められています。

（『前衛』2014年6月号）

「政策をカネで買う」経団連の企業献金への関与再開は許されない

財界団体、経団連（日本経済団体連合会）が企業献金への関与を再開し、約千三百の会員企業や業界団体に献金を促すことを正式に決定しました。

榊原定征《さだゆき》会長は、九月八日の記者会見で、「経済再生へ経済と政治は車の両輪。今は徹底的に手をつないで、日本経済を立て直さないといけない」と語り、「『政策をカネで買うのか』といった低レベルな話ではまったくない」などとのべましたが、企業献金が数々の金権腐敗事件を引き起こし、規制と禁止が国民世論になり、関与を中止したという経緯を無視した、開き直りです。各紙社説が「大きな経済力で政治に影響力を及ぼすことは、健全な民主主義をゆがめるおそれがあり、政治改革に逆行する。時代錯誤の旗振りはやめるべきだ」(「毎日」十日付)、「民主政治のためというよりは、特定の政策がほしいだけではないか」(「朝日」同) と厳しく批判したとおりです。

財界による自民党への献金はどういう変遷をたどってきたか

財界の自民党への献金関与は、のちに経団連会長となった土光敏夫石川島重工社長含め、政財界百五人が逮捕されるという「造船疑獄」(一九五四年) はじめ、炭鉱国管疑獄 (四八年)、五井産業事件 (五〇年)、保全経済会事件 (五三年) など、あいついだ贈収賄事件への批判がまきおこるなか、特定の企業と政治家がお金で直接つながることを避けるため、一九五五年、企業に政治献金の額を割り振る「あっせん方式」という形で始まりました。

経団連は、経済再建懇談会 (現在、自民党への企業献金の窓口となっている政治資金団体「国民政治協会」の前身) をつくりました。「各業界からの寄金をできるだけプールして、いわばミキサーにかけて、色を消し、一本にまとめ (る)」(植村甲午郎経団連副会長、「朝日」五五年一月十五日付) といった意図を持ったものでした。経済再建懇談会 (国民政治協会) をトンネルにして企業献金を自民党に渡す手法です。

経団連副会長・事務総長として、戦後四十年余にわたって、財界・大企業のカネ集めを担当し、「財界政治部長」といわれた花村仁八郎氏によれば、献金額の割り振りは次のようにおこなわれました。

「資本金とか収益とか勘案して、これくらいの割合でどうだろうか、鉄鋼産業は一割経済と言われるから、全体で一億円集めるなら一千万円出してもらえんかというふうにだんだん決まってきたわけです。僕が案を作って、それが安定化したのは鉄、電力、自動車、電気機械と銀行の五つがそれぞれ一割産業と言われて、その合計だけで半分出してもらい、あとは団体が微力な場合は会社に相談に行くようにした」(日経産業新聞八九年三月二日付)

献金額を決められた業界は、売上高の比率や製品のシェアなどを基準に加盟各社に割り振るという仕組み。自民党は一九九〇年ごろまでは、毎年百億円近い企業・団体献金を集めましたが、この八~九割が、この「あっせん方式」による献金だったとみられています。

こうした政財界の癒着が、リクルート事件、佐川・暴力団疑惑、金丸信自民党副総裁の巨額脱税事件、ゼネコン汚職など、あいつぐ金権腐敗事件の温床となり、国民の批判や非自民連立政権の誕生を受け、九三年九月に経団連の平岩外四会長(東京電力元会長)が「民主政治は、国民全ての参加によって成り立つものである。それにかかる必要最小限の費用は、民主主義維持のコストとして、広く国民が負担すべきである。従って、政治資金は、公的助成と個人献金で賄うことが最も望ましい」とする「企業献金に関する考え方」を発表。九四年には、「あっせん方式」での献金を中止しました。

しかし、経団連の政治に対する影響力が低下したため、二〇〇四年に奥田碩《ひろし》会長（トヨタ自動車元会長）は、「カネも出すが口も出す」方針を掲げ、税制や社会保障など各政党の政策をA～Eの五段階の「通信簿方式」で評価して、会員企業に献金を呼びかける方式を導入、政治献金への関与を再開しました。これは、財界による「二大政党づくり」という思惑もありましたが、〇九年の政権交代により、政策評価を含めた献金への関与を一〇年から中止しました。

献金への関与再開は、何を意味するのか

こうした変遷を経ての今回の献金への関与再開は、何を意味するのか。

一二年暮れの総選挙での民主党から自民党への政権交代、一三年夏の参院選での「衆参ねじれの解消」を受け、経団連は同年十月、「政策評価について」と題した文書を公表。「経団連の政策提言が、どの程度実現し、何が課題として残されているのかを検証する」とし

て、文書の添付表で、「成長戦略」「経済連携」「エネルギー」「財政・社会保障」「道州制」「震災復興、防災・減災」の六つの項目ごとに実績と課題を示しました。

このなかで、実績としてあげたのは、環太平洋連携協定（TPP）交渉への参加、原発再稼働の加速化、消費税率の八％への引き上げ、社会保障制度「改革」など。これからの課題としてあげたのは、法人実効税率の引き下げ、原発の早期再稼働、消費税率の一〇％への引き上げの「堅持」、社会保障制度の「重点化・効率化」、道州制推進基本法の早期成立などです。

いずれも、暮らしや営業、安全・安心を脅かすものとして、国民から強い不安と批判の声があがっているものばかりです。

経団連が、九月十一日、献金関与の再開にあたって発表した「政治との連携強化に関する見解」では、「今後、経済活力と国民生活の向上に資する政策提言、政党・政治家とのコミュニケーション、官民一体となった経済外交の推進、企業人の政治参加意識の高揚などの活動をより一層積極的に行い、政治との連携を強めていく」とのべ、「自由主義経済のもとで企業の健全な発展を促進し、日本再興に向けた政策を進める政党への政治寄付を実施するよう呼びかける。また、経団連としての政党の政策評価も実施していく」との方針を示しました。

これに先立って、政治献金への関与再開について説明する九月八日の記者会見で、榊原経団連会長は、「大企業が法人税を下げてもらうためにやるわけではない」などと弁解しましたが、政党の政策を採点し、企業献金の額を左右するなど、「政策をカネで買う」行為そのものです。

経団連は献金への関与再開を決めた前々日、来年度税制改正についての提言を発表し、来年十月からの消費税増税を「着実に」おこなうことや、法人実効税率を来年度まず二％引き下げることなどを要求しました。九月一八日にも榊原会長は、菅義偉官房長官と会談し、法人実効税率の実質的な引き下げを重ねて要請しています。

財界本位の政治に熱心な政党に献金を集中するというのは、まさに財界の政治支配そのものです。

もらう側の責任も問われる　企業献金は全面禁止を

自民党の谷垣禎一幹事長は、さっそく、「自発的な政治寄付の呼びかけは大変ありがたい」と謝意を示しましたが、財界から企業献金を受け取る側の責任も問われています。

企業献金は、ボランティアへの資金提供やお祭りの寄付のような「社会貢献」でも、「自発的な寄付」でもありません。営利追求を目的とする企業からの献金は、本質的にワイロ性をもつことは、カネを出す側の財界人自身が次のように公然と語ってきたことです。

「企業献金はそれ自体が利益誘導的な性格を持っている。企業が無制限にカネを出したら役員は背任罪になりますよ」（亀井正夫・住友電工会長、「東京」八九年一月一日付）

「大きく得をするために、普段から必要な献金をし、また選挙を応援する。これがビジネスマンに大事なことです」（宮崎輝・旭化成工業会長、「毎日」八九年三月五日付）

「企業が議員に何のために金をだすのか。投資に対するリターン、株主に対する収益を確保するのが企業だから、企業が政治に金を出せば必ず見返りを期待する」（経済同友会・石原俊代表幹事＝日産自動車社長、「日経」八九年六月三日付）

九五年から国民一人あたり二百五十円の税金を原資に、総額約三百二十億円を議席数、得票数に応じて各党に支給する国民の思想信条の自由を侵す憲法違反の政党助成制度が始まっていますが、これは企業献金全廃を前提にしたものでした。

ところが、自民党は、いまだに「国民政治協会」をトンネルにして、企業献金を受け取り続け、禁止された政治家個人への企業献金もみずからが代表を務める「政党支部」の名目で受け取っています。税金との「二重取り」です。

安倍首相は、榊原会長を七月末の中南米諸国訪問＝トップセールスに誘ったほか、経団連会長の定席だった政府の経済財政諮問会議の民間議員に起用するなど、一体ぶりを強めています。法人実効税率の引き下げ、原発再稼働、消費税増税など、大企業が恩恵を受ける政策をカネで買って、国民に悪政を押し付けることは許されません。

経団連の献金関与再開について民主党の海江田万里代表は、「政治献金するお金があれば、働く人たちの賃金を上げろ。非正規で雇う人たちを正規にしろと申し上げたい」とのべましたが、献金の是非は明確にしませんでした。党内に賛成派もいるからです。

日本共産党は、企業献金も、税金でまかなう政党助成金も受け取らない唯一の政党です。主権者である国民の政治参加の権利を広げていくために、憲法違反の政党助成金をなくすとともに、政治をカネの力でゆがめる企業献金は拡大ではなく、全面禁止すべきです。

（『前衛』２０１４年11月号）

政党助成金二十年の総決算

――いかに政党の堕落・政治腐敗の温床になっているか

政党助成金の原資は国民の税金であるにもかかわらず、「国は……使途について制限してはならない」(政党助成法第四条)と定めています。

このため、「政党の政治活動の健全な発達の促進」(同第一条)などという建前とは裏腹に、政党助成金を受け取ったら何に使おうが勝手放題。政党の堕落を促進しているのが実態です。これまで、「会議費」名目の高級料亭での飲み食い、租税・保険料支払い、小便器取り換え代、カーナビ代、選挙での供託金没収費用、買収資金の穴埋め、党名変更・新党普及キャンペーン費用など、野放図な支出がおこなわれてきました。

ゴルフ場で「会議」、カレンダー作成……

自民党の国会議員が支部長を務める政党支部の二〇一三年分の政党交付金使途等報告書を調べてみると、「政治活動」とは縁遠い使い方をしている実態がわかりました。

簗《やな》和生衆院議員（栃木3区）は、「組織活動費（会議費）」の「会場費」の名目で、五万円を那須烏山市のゴルフ場に支出していました。

「幹部会議費」として宇部市の懐石料理店に五万八千三百四十四円を支出していたのは、河村建夫元文部科学相（衆院山口3区）です。

ゴルフ場でクラブを振りながらの「会議」も「政党の政治活動」だというわけです。

自民党幹事長代行の細田博之衆院議員（島根1区）は、「トイレ・水道修理代」に二十六万四千三百円、「障子・ふすま張替代」に七万円、「駐車場舗装修復代」に十五万五千四百円を支出。福井照衆院議員（比例四国）は、「風船代」五万四百円という支出を記載していました。望月義夫環境相（衆院静岡4区）は、「携帯電話機」七万八千六百四十五円を地元のドコモショップに支出。「ゴミ処理費」十二万千六百二十六円まで税金で〝処理〟していました。

石井みどり参院議員（比例）は、「タクシー・ハイヤー代」の支出が三百三十五万七千二百四円にも。長坂康正衆院議員（愛知9区）は「大会費」として記念品に百五十四万八千二百円を支出。うち百十万二千五百円は、東京都内の警察グッズ販売店へのもの。警察グッズを大会参加者に配布したのでしょうか。

昨年十二月の総選挙を受けた第三次安倍内閣の副大臣・政務官人事で、唯一副大臣に再任されなかった御法川《みのりかわ》信英・前財務副大臣（衆院秋田3区）は、政党助成金七十一万円を使って作成したカレンダー三千部を選挙区内の後援会員などに無料で配布していたことなどが問題視されましたが、一三年分の政党交付金使途等報告書によると、小渕優子・前経済産業相（衆院群馬5区）の五十三万九千七十円はじめ、十二人が「カレンダー印刷」などとして、カレンダー作成に政党助成金を使っていました。

藤丸敏衆院議員（福岡7区）は、「（平成）二十五年カレンダー作成」四十五万千五百円、「同二十六年カレンダー作成」四十九万千四百円と、二年分支出していました。

現職閣僚では、政党助成金を含む政治資金で親族企業二社から物品を購入していることが、昨年の臨時国会で取り上げられた西川公也《こうや》農水相（衆院比例北関東ブロック）が十三年も自宅敷地内にある親族企業に「タイヤ代」五万二千五百円、「事務用品」十二万三千百六円を支出していました。

こうした使い方以外に隠されていて明らかになっていない部分があります。

国会議員の関連政治団体の政治資金は、〇九年から一件一万円を超える全支出について収支報告書への領収書の添付が義務付けられ、一円以上の領収書の保存が原則となりました。ところが、政党助成金の公開は五万円以上のまま。五万円以下は、何に使ったか、ベールに覆われています。

また、「人件費」も領収書がいらないため、その後の追跡が不可能になっています。一三年に、党本部から受け取った千二百万円の政党助成金を全額「人件費」に支出したとしていたのは、金子一義元国土交通相（衆院岐阜4区）、中曽根弘文元外相（参院群馬）など十人もおり、首相補佐官の衛藤晟一参院議員（比例）は受け取った千九百万円全額「人件費」として支出していました。

買収資金、「横領」の原資にも

一九九六年の総選挙で自民党・中島洋二郎衆院議員（群馬2区、故人）が、買収資金二千万円のうち、二百三十三万円を政党助成金で穴埋めをしたり、〇三年の総選挙で同・新井正則衆院議員（埼玉8区）が政党助成金五百万円を買収資金に使い、それぞれ逮捕・起訴され、有罪になるなど、政党助成金が買収の原資となった例があります。

昨年十二月の総選挙では、衆院群馬2区から立候補し、比例代表で復活当選した維新の党、石関貴史衆院議員陣営の公選法違反事件で、前橋地検は一月二十六日、石関氏の元公設第一秘書で群馬県伊勢崎市議の山越清彦容疑者らを、公選法違反（買収）罪で起訴しました。

起訴状によると、山越容疑者は昨年十二月一日、伊勢崎市内の事務所で、看板掲示（選挙の応援弁士告知）などの選挙運動への報酬として、事務所職員を介して会社役員の容疑者に現金五十一万八千四百円を供与したとされます。

石関氏が昨年十二月二十六日に群馬県選管に提出した選挙運動費用収支報告書によると、収入は石関氏の資金管理団体「石関政経懇話会」からの千二百万円がすべて。山越容疑者が会計責任者を務める石関政経懇話会の一三年の政治資金収支報告書によると、同懇話会の収入は、石関氏が支部長の「日本維新の会衆議院群馬第二選挙区支部」からの千三百八十万円の寄付が約五七％を占めています。一方、同支部は「日本維新の会」から政党助成金千二百万円を受け取っていました。

政治資金と選挙運動費用の流れをみると、石関氏は選挙費用の大半を政党助成金に依拠しており、買収資金も政党助成金だった可能性があります。

政党助成金が、「横領」され、政治資金収支報告で「横領」の項目をおこすという驚くべき事例もあります。

民主党の田城郁《かおる》参院議員（比例）は、昨年十二月二十四日、同氏が支部長を務める「民主党参議院比例区第七十八総支部」の資金約千百万円を横領したとして、元公設第二秘書を業務上横領容疑で東京地検に刑事告訴しました。田城氏の記者会見などによると、元秘書は同支部の会計を担当していた二〇一一年から一三年にかけて計約千百万円を私的に流用していたといいます。

昨年十二月二十二日に訂正報告がされた同支部の政治資金収支報告書によると、人件費、事務所費などの支出を減額し、あらたに「その他の経費（横領）」の支出項目を起こし、「支出の目的　横領」として、一一年～一三年の三年間で計千八十六万四千四百七十円を計上していました。同支部の報告書によると、三年間の収入の合計は約四千四百六十万六千円。その約八割が、民主党本部から「寄付」として交付された政党助成金三千五百万円でした。国民の税金が支部の収入の八割を占める実態がありながら、その四分の一を三年間も横領されてしまう、管理のずさんさはおそるべきものです。

余るほど受け取り、ためこみ

政党助成金を山分けしている政党と、党本部から受け取っている政治家は余るほど政党助成金を受け取り、使い残しても国に返さず、「基金」の名でためこんでいます。

二〇一三年分の政党交付金使途等報告書によると、同年に政党助成金を分け取りした九党の基金残高は百四十七億五千三百七万円にのぼります。これは同年に各党に分配された約三百二十億円の四六％に相当します。

自民党十六億七千三百四十八万円、公明党九億三千四百万円、日本維新の会八億七千八百七十三万円、社民党一億六千六百五十三万円などで、民主党の百億七千七百十万円が全体の七割近くを占めました。同党は、前年の総選挙で大敗したため、一三年の政党助成金の受け取り額が激減し、前年の半分近くになりましたが、政党助成金のためこみでしのいだ格好です。税金頼みの「国営政党」化した実態を示しています。

「しんぶん赤旗」が、自民党国会議員が支部長を務める政党支部の一三年分の政党交付金使途等報告書を全調査したところ、半分以上の二百五十三支部が政党助成金を使い残し、

「基金」としてためこんでいたことがわかりました。

その総額は、八億二千六百八十五万六千三百三円にのぼり、一二年末より、約一億一千万円増えていました。国民一人あたり二百五十円の政党助成金、約三百三十万七千人分の税金をためこんでいることになります。

うち、一千万円以上、ためこんでいた議員は十七人。トップは、前年に続いて石井みどり参院議員（比例）。前年の基金が約三千五百九十三万円あり、一三年に千九百万円の政党助成金を党本部から受け取り、人件費約七百九十四万円、事務所費約二百七万円、調査研究費約五十万円などを支出しましたが、二千八百三十九万八千六百八十三円をためこみました。

閣僚では、山谷えり子国家公安委員長（参院比例）が、前年のためこみ額約千三百三十四万円から八百万円近く増やして、二千十八万三千八百二十七円で三位でした。

ためこみ額六位の三ツ矢憲生《のりお》衆院議員（三重5区）は、次期総選挙に備えたのか、宣伝事業費に三十三万五十九円を支出しただけで、一三年に受け取った政党助成金千二百万円丸ごとを含む千三百十二万九千四百三十二円をためこみました。

閣僚では、山谷氏に続いて、安倍晋三首相（衆院山口4区）九百六十六万三千四百六十円、菅義偉官房長官（同神奈川2区）八百七万二千四百九十七円、麻生太郎副総理・財務相（同福岡8区）六百五十九万五千二十六円などとなっています。

国民には消費税増税を押し付けながら、余るほど政党助成金を受け取ってためこむというのは、税金の〝私物化〟にほかなりません。

〝お手盛り〟、自分に「寄付」も

実際、政党支部に交付された政党助成金を、支部長である国会議員が自分自身や自分の選挙事務所に「寄付」するという〝お手盛り〟も横行しています。

二〇一三年の参院選（補選含む）で当選した自民党参院議員六十六人のうち、四十三人が自民党本部から受け取った政党助成金を「選挙資金」の名目で、自分（四人は選挙事務所）あてに「寄付」していました。

参院議員が支部長を務める自民党支部の一三年分の政党交付金使途等報告書を調べたもので、その〝お手盛り〟の総額は、三億四千四百万円にのぼりました。

受け取った金額は、ほぼ半数の二十四人が一千万円。古川俊治議員（埼玉）は、同年に受け取った千九百万円のうち、一千万円を同年七月四日の参院選公示日に自分に「寄付」、残りの九百万円はすべて「人件費」に支出していました。

宮本周司議員（比例）は、公示直前の七月二日に五百七十七万五千八百五十円を自分に寄付、使い残して五百六十二万五千四百五十四円を「基金」としてためこみました。高野光二郎議員（高知）は、六月十六日に百五万五千三百八十二円、公示後の七月十一日に五百万円を自分に「寄付」、同年に受け取った政党助成金千七百万円を使い切っています。三木亨議員（徳島）も、公示日に二百万円、投票日前日の七月二十日に二百五十九万九千八百二十六円を自分に「寄付」、千七百万円を使い切りました。

こうした〝お手盛り〟は、二〇一二年十二月の総選挙でも、みられました。

安倍首相はじめ、自民党の候補者二百三十九人が、みずから支部長を務める政党支部から自分あてに「寄付」していたのです。その〝お手盛り〟の総額は、十七億六千四百五十六万六千五百二十五円にのぼり、平均すると一人あたり約七百三十八万円にも。

福田康夫元首相の長男で、群馬4区から立候補、初当選した福田達夫氏の支部は、公示直前の十一月二十七日に千三百万円の政党助成金を党本部から受け取り、同日に五百万円、十二月一日に五百万円、同八日に三百万円と、全額を自分に「寄付」していました。

山梨3区から立候補、比例で復活、初当選した中谷真一氏の支部は、千九百万円の政党助成金を党本部から受け取り、人件費四百五十七万五千七百八十二円、ポスター印刷代四十二万八千四百円を支出。公示前の十一月十七日に九百六十万円を自分に「寄付」、年末の十二月二十七日に十七万八千三十一円をふたたび、自分に「寄付」、きっかり千九百万円を使い切っています。

自分に「寄付」した後、どういうことに使ったのかは、たどりようがなく、ヤミのなか。税金で私腹を肥やしたとしてもチェックできません。

数合わせ、政策そっちのけ　助成金目当ての離合集散

総務省は一月十九日、日本共産党をのぞく十政党から二〇一五年分の政党助成金（総額三百二十億千四百万円）の受け取りのための届け出があったことを発表しました。

このなかには、自民党、公明党、民主党、維新の党、次世代の党などにまじって、「生活の党と山本太郎となかまたち」「日本を元気にする会」「太陽の党」という年末年始に結党した政党もありました。

年末年始にかけこみ新党が結成されるのは、政党助成金がらみです。政党助成金の受給資格が、毎年一月一日の時点で「国会議員五人以上」か「国会議員がいて国政選挙の得票

率二%以上」という政党要件を満たしているかどうかで決まり、一月一日を過ぎても一月十六日までに届け出れば、一日の基準日に要件を満たしたと扱われるためです。

昨年十二月二十六日に結成された「生活の党と山本太郎となかまたち」。政党名に個人名が入るという極めて異例なこの政党は、昨年十二月の総選挙で、五議席から二議席に減らし、参院二議席と合わせても四議席となった「生活の党」が、無所属衆院議員に声をかけるなど、「数合わせ」に奔走したあげく、同意が得られず、無所属の山本太郎参院議員が合流して五人になったもの。一五年に三億三千百万円の政党助成金を受け取る見込みです。

一月八日に結党届が提出された「日本を元気にする会」は、昨年十一月二十八日に解党した「みんなの党」の松田公太参院議員ら四人と、「次世代の党」を離党したアントニオ猪木参院議員が合流したものです。同党が綱領を発表したのは、政党助成金受け取り届け出後の一月二十日のことで、「国会議員五人以上」という受給要件をとにかく満たそうという狙いがみえみえです。同じく十五年に一億一千九百万円を受け取る見込みです。

「国会議員がいて国政選挙の得票率2%以上」という政党要件で、今年から政党助成金を受け取ろうとしたのが「太陽の党」です。一月九日に次世代の党の園田博之衆院議員が〝移籍〟することで、受給要件を〝回復〟しました。

太陽の党はもともと、次世代の党の平沼赳夫党首や園田氏らが二〇一〇年に結党した「たちあがれ日本」が一二年に党名変更した政党です。まもなく、石原慎太郎元東京都知事らとともに「日本維新の会」に合流したため国会議員不在となり、政党要件を満たさない政治団体「太陽の党」として存続していました。ただ、前身の「たちあがれ日本」が一〇年の参院選で二％以上の得票率を得ていたことで残っていた「受給資格」を、園田氏が移籍することによって回復したという文字通り政党助成金目当てのものです。一五年に九千三百万円の政党助成金を受け取る見込みです。

「政治改革」の名のもとに、政党助成金制度が小選挙区制とともに一九九五年に導入されてから二十年が経過しました。この間、政党助成金を受け取った政党は四十三党におよびますが、うち三十三党が政党助成金を手にすると、解散・消滅しています。自分の組織や綱領・政策そっちのけで、政党の「看板」を掲げては、政党助成金を手に入れ、離合集散を繰り返すという政党の堕落、劣化を浮き彫りにするものです。

そんなの政党の一つ、「みんなの党」は昨年十二月、総選挙公示日の二日に解党しましたが、政党助成金を所属議員で分け合いました。

解党前の所属議員は、衆院議員八人、参院議員十二人。報道によると、公認料や当面の経費などとして、一人一千五百万～二千万円を分け取りした後、残った額を国庫に返納するといいます。解党し、その後、「次世代の党」や民主党、「日本を元気にする会」などに移りながら、税金の「食い逃げ」はしっかりするというえげつなさです。

「身を切る」というのなら、政党助成金廃止を

政党助成金に党財政を大きく依存している自民党、公明党、民主党、維新の党などの各党は、昨年の総選挙で、国会議員定数の削減を迫る「身を切る改革」を主張しました。しかし、これは国会議員の定数削減と引き換えに消費税増税を国民に押し付けるものであり、比例定数の削減によって国民の声を切り捨てる民主主義破壊の暴論です。

これらの党からは、政治の不当な特権である政党助成金をなくすという声は、いっさいあがってきません。

「本当に身を切るというなら、真っ先に政党助成金制度を廃止すべきだ」（税務専門紙「納税通信」昨年十二月一日号）というのが、国民の圧倒的な声です。

（『月刊学習』２０１５年３月号）

第三次安倍再改造内閣　あいつぐ疑惑

——問われる「政治とカネ」

第三次安倍再改造内閣が八月三日に発足しました。二〇一二年十二月に第二次安倍内閣が発足して以来、「政治とカネ」の問題で辞任する閣僚が相次いでいますが、今回の再改造内閣の閣僚をめぐっても、さっそく、「しんぶん赤旗」の調査などで、疑惑が明らかになり、その適格性が問われる事態になっています。

「白紙」の領収書、三年間で約五百二十万円——稲田防衛相

安倍晋三首相と政治信条が近く、当選三回で行政改革担当相として初入閣し、自民党政

調会長を経て二回目の入閣となった稲田朋美防衛相（衆院福井1区）は、白紙の領収書に自分たちで金額などを書き込んでいたという政治資金規正法の趣旨に反する疑惑が浮上してきました。

稲田氏の資金管理団体「ともみ組」の政治資金収支報告書に添付してある領収書の写し（一二～一四年分）を「赤旗日曜版」編集部が開示請求で入手して、調べてみると、金額、宛名、年月日が同じ筆跡の領収書が大量に見つかりました。同僚の自民党議員らの政治資金集めパーティーの会費を支払った証明として、稲田氏側が受け取ったものです。

「別々の議員が出した領収書なのに、金額を書いた人は、同一人物だ。これらの筆跡は、ともみ組の収支報告書を書いた人物と一致する」といった鑑定結果を踏まえ、稲田氏の事務所に質問すると、こんな回答が返ってきました。

「同僚議員の励ます会に祝儀袋を持っていくと、金額が入っていない白紙の領収書を渡される。金額は稲田事務所の事務担当者（会計責任者）が書き入れている。（実際に支払った金額と）間違った金額を書いているわけではない」

白紙の領収書に稲田事務所で金額などを書き込んだことをあっさりと認めているのです。

こうした疑惑の領収書は、一二～一四年の三年間で計約二百六十枚、約五百二十万円分にのぼりました。このなかには、高市早苗総務相、金田勝年法相、松野博一文部科学相、塩崎恭久厚生労働相、山本有二農水相、今村雅弘復興・原発事故再生担当相、松本純国家公安委員長・防災担当相、加藤勝信一億総活躍・働き方改革担当相、山本幸三地方創生・行政改革担当相、丸川珠代五輪担当相といった第三次安倍再改造内閣の閣僚十人も含まれています。重大なことは、稲田事務所が「(同僚議員が持ってきた)祝儀袋をあけて、いちいち金額を確かめない。ほかの議員事務所もそうしている。これは自民党の政治資金パーティーの慣習だ」と答えていることです。

政治資金規正法は、すべての支出の領収書の徴収を政治団体の会計責任者に義務付けています。違反すれば三年以下の禁錮か五十万円以下の罰金の罰則規定があります。

これは、お金の流れを客観的に証明するのが目的で、領収書が真正なものであることが大前提です。白紙の領収書では、その前提が崩れます。自民党議員が〝おたがいさま〟で白紙の領収書発行を横行させてきたわけで、そこに書き込まれた金額が本当かどうか、客観的に証明できないことになります。

政治資金の透明性を要求している規正法の趣旨に反する行為を、自民党が組織的に続けてきたということは、きわめて悪質で許されないことです。自民党総裁としての安倍首相の責任も問われなければなりません。

復興、原発事故再生担当なのに東電株大量保有——今村復興相

当選七回で初入閣を果たした今村雅弘復興・原発事故再生担当相（衆院比例九州）は、東京電力株を八千株も保有、「資産等報告書」への「記載漏れ」が「しんぶん赤旗」の指摘で明らかになりました。

昨年三月二十三日付で衆院議長あてに報告し、同五月に公開された衆院議員の「資産等報告書」によると、今村氏は東電株八千株、九州電力株四千株のほか、全日空、宇部興産、日本郵船各一万株、新日鉄住金七千三百五十株、日本水産五千株など、東証一部上場ばかり計十八銘柄、計十一万三千五百七十株を所有していました。

今村氏は、大臣就任後の八月五日の記者会見で、東電株について、「ずっと前から持っていた。原発事故後に買い増したことはない」などと説明しました。ところが、今村氏が衆院議長あてに提出している一連の「資産等報告書」「資産等補充報告書」を調べてみると、今村氏の説明に疑問が浮かび上がってきました。

資産等報告書は、当選直後の資産を報告するもの。同補充報告書は、資産の増減があっ

た場合、年末時の資産を翌年四月末までに提出するものです。

今村氏が〇九年八月の総選挙を受けて、同年十二月七日付で提出した資産等報告書によると、東電株を二千株保有していました。その後、一〇年四月二十八日付の補充報告書で東電株二千株。一一年四月二十八日付の補充報告書でさらに東電株二千株となっていました。一〇年末の時点で、今村氏は東電株を計六千株保有していたことになります。

一一年三月十一日の東日本大震災、東電原発事故後となる、十二年十二月の総選挙を受けての一三年三月二十五日付の資産等報告書によると、東電株は現在と同じ八千株になっていました。原発事故後、二千株を買い増したことになります。

「原発事故後に買い増したことはない」という説明は事実に反するのではないか、という「しんぶん赤旗」の文書での質問に対し、今村氏の事務所は、次のように回答してきました。

「平成二十一年（〇九年）の総選挙後に提出した報告書の『二千株』は『四千株』の記載ミスだった」「（したがって）原発事故後に買い増したことはない」

今村事務所は、「しんぶん赤旗」の質問の二日後に、「過去の資産報告を見直していたところ、記載漏れが見つかった」などとして、資産等報告書の訂正をおこないましたが、「訂正」は六年以上もたってからということになります。本当に〇九年時点で東電株を四千株持っていたのか、原発事故後の「買い増し」を否定するための言いつくろいではないのか、疑問が残ります。しかも、今村氏は、巨額の賠償・除染・廃炉費用などを電気料金の値上げという形で、結局、国民に負担をつけ回しする〝東電救済〟の仕組みをつくった「原子力損害賠償支援機構法案」の採決（一一年八月）に自民党議員として賛成しています。第三次安倍内閣で原発担当でもある宮沢洋一経済産業相が、入閣後、東電株を六百株保有していたことがわかり、国会で「経済産業相としての資格が問われる」と問題になりましたが、今回の入閣で「原発事故再生」の任にあたることになった今村氏にも、東電株保有の問題が厳しく問われるのは必至です。

ＪＲ九州出身の今村氏をめぐっては、九州新幹線西九州ルートの整備・早期開業をめぐるＪＲ九州のグループ会社からの巨額献金も明らかになりました。

典型的な口利き疑惑――甘利明元経済再生担当相

秋の臨時国会では、沖縄・辺野古への新基地建設問題、ＴＰＰ（環太平洋連携協定）問題などとともに、閣僚らの「政治とカネ」の問題も、大きな焦点となることは、間違いありません。なかでも、真相解明が求められているのは、安倍首相の盟友中の盟友である甘利明元経済再生担当相（衆院神奈川13区）の口利き・現金授受疑惑です。

疑惑の概要は、次のようなものです。

県道千葉ニュータウン北環状線の整備にともなう補償交渉をめぐって、甘利氏の公設秘書（当時）が千葉県の建設業者「薩摩興業」の総務担当者から、補償金の増額をUR（都市再生機構）に働きかけるよう依頼された。秘書と総務担当者は、まず業者側がURに内容証明郵便を送り、続いて甘利事務所がからURと接触することを決めた。指示を受けた別の秘書が約束なしにUR本社を訪ね、回答状況をただした。秘書はUR側と何回も面談を重ね、補償交渉の口利きをした。やがて補償金の上積みがあり、薩摩興業に支払いがあったその日に、総務担当者は秘書に現金五百万円を渡した——。

経済再生担当相だった甘利氏本人にも大臣室での五十万円をふくめ、計百万円の現金が薩摩興業側から渡されていますが、疑惑の核心は、甘利氏側の「口利き」によって補償交渉がゆがめられ、その見返りとして、甘利氏側に多額の資金提供があったということです。

典型的な「口利き」の構図です。

東京地検特捜部は、四月八日、あっせん利得処罰法違反容疑で強制捜査に乗り出しましたが、甘利氏と元秘書二人について、嫌疑不十分として不起訴にしました。

これに対し、審査の申し立てがあり、東京第四検察審査会は七月二十九日、甘利氏については「不起訴相当」、元秘書二人については、薩摩興業側から受領した現金は「あっせん行為の報酬、謝礼とみるのが自然だ」と指摘し、検察の判断は納得できないとして「不起訴不当」との議決を公表しました。これによって、甘利氏の不起訴は確定。特捜部は、元秘書二人について「再捜査」した結果、八月十六日、ふたたび「不起訴」とし、一連の捜査は終結したことになります。しかし、これで納得できる国民はどれほどいるでしょうか。

ＵＲが二月に公表した、元公設秘書らとＵＲ職員が面談した際のやりとりを記録したメモには、元公設秘書がＵＲ側に「少しイロをつけてでも（薩摩興業に）地区外に出ていってもらうほうが良いのではないか」と補償額の増額を求めるような言葉が記載されています。また、「甘利事務所の顔を立ててもらえないか。何とかお願いしたい」と要求し、ＵＲ職員が少し沈黙した後、「承知した」と了承する場面もありました。甘利氏の秘書が、追加補償額としてＵＲに「二十億円提示しよう」と総務担当者に持ち掛けていたことも明らかになっています。

市民から選ばれた東京第四検察審査会の議決書（七月二十日付）は、「衆院議員で、有力な国務大臣の一人である甘利の秘書だからこそ、あえて事前の約束もなしにＵＲ本社に乗り込み、面談を求めたのは、そういった行動がＵＲの判断に影響を与え得るものと判断していると考えるのが自然である」「ＵＲ職員がわざわざ、みずからの業務時間を割いて、秘書と面談し、補償交渉に関する説明をしたのも、それをしないと不利益を受けるおそれがあるからと判断したとみるのが自然である」などとのべ、検察に再捜査を求めていました。

これが、ごくまっとうな市民感覚ではないでしょうか。検察は、起訴して裁判所に司法判断を求めることができなかったのか。準司法機関としての責任を放棄したものといわざるをえません。

「安堵した」ではすまない――「調査」の約束どうなった

刑事責任の追及には、幕が引かれたことになりますが、元秘書による執拗なＵＲ側への接触、大臣室などでの、みずからの現金授受、元秘書の多額の接待など、甘利氏の道義的責任、説明責任は残されたままです。

甘利氏は、ことし一月下旬の閣僚辞任会見で、「（疑惑について）全容解明にいたっていない。弁護士による調査を続け、しかるべきタイミングで公表する機会を持たせていただく」などと約束しました。しかし、「睡眠障害で自宅療養が必要」との診断書を提出、国会を長期にわたって欠席しました。その間、選挙区内に、参院選神奈川選挙区の自民党女性タレント候補とのツーショットのポスターを貼り出したり、口利き疑惑について、「まさに〝寝耳の水〟の事件」「あっせん利得処罰法に当たるような事実は全くありません」などとする手紙を支援者に送っていました。

その後、みずからの不起訴を受けて六月六日に地元事務所前で会見した際、「少しずつ政務復帰することにした」といっていましたが、「調査」については、なんら音沙汰なし。七月十九日、検察審査会が甘利氏については「不起訴相当」とする議決を公表し、不起訴が確定した後、八月一日の臨時国会に、ほぼ半年ぶりに姿を見せました。衆院本会議場では、安倍首相らとにこやかに握手を交わし、本会議後、「不起訴という判断を頂き、私の件はこれで決着した」と記者団にのべ、政治活動を本格的に再開する意向を示しました。

さらに元秘書二人が改めて不起訴となると、「まさか元秘書らが法に触れるようなことをすることはないと信じていた。安堵した」とのコメントを発表しました。

こんな手前勝手な言い分が通用するでしょうか。何の説明もすることなく、「決着」などといえるわけがありません。「秘書が勝手にやったこと」では、すまされません。

閣僚辞任会見で、涙を流し、「政治家としての美学」「政治家としての矜持《きょうじ》」などと言葉を飾った甘利氏。今度こそ、みずからの疑惑に関する「調査結果」について、十分な時間をとって記者会見し、国会でも質問にしっかりと説明する責任があります。本人はもとより、薩摩興業、元秘書、UR職員など関係者の証人喚問は不可欠です。

甘利氏が疑惑解明の責任を果たさないのなら、安倍首相の任命権者としての責任も厳しく問われることになります。

あっせん利得処罰法の限界と与党の責任

今回、あっせん利得処罰法の限界も指摘されています。甘利氏らの不起訴処分は不当だとして、検察審査会に審査を申し立てた市民団体「政治資金オンブズマン」は、「これを放置すると、政権与党の有力大臣や有力政治家に多額のカネを払い、関係機関に『口利き』を要請する事態が跋扈《ばっこ》する」と指摘したとおりの実態です。

そもそも、あっせん利得処罰法は、自民党の中尾栄一元建設相の受託収賄事件をきっかけに、国民の政治に対する信頼を回復するため、「政治とカネ」の問題にメスを入れ、国会議員などが他の公務員に「口利き」し、ワイロを受け取ることを腐敗行為として処罰する実効ある法律の制定が国民世論となったなか、二〇〇〇年十一月に成立したものです。

ところが、自民、公明など与党が提出した法案は、処罰の対象から私設秘書をはずしたり、犯罪の要件に「請託をうけて」を加えたり、政治家の口利き行為を「契約」と「行政庁の処分」に狭く限定したり、幾重にも「抜け道」を設けた法案となっていました。

しかも、契約や行政処分をめぐるあっせん行為であっても、電話一本かけただけでは犯罪にならない、あっせん行為の際に「議員の権限にもとづく影響力の行使」がなければ処罰されないという、あいまいかつ不明確な要件が加わっていました。

日本共産党は、「政治家が、国民の要求実現のために活動することは当然です。しかし、その対価として、不正な報酬を受け取ることが問題なのです」として、「結局、政治活動の対価として、不当な利益を得る政治、すなわち〝ワイロを受け取る自由〟を温存することにほかなりません」（同年十一月十三日、参院本会議で吉川春子議員）と与党案に反対しました。

しかし、自民、公明などの与党は、共産党など野党の修正要求を拒否して、与党案をゴリ押ししたのです。

甘利氏のような典型的な口利きの構図が処罰されないなど、ワイロ政治横行の抜け道をつくった自民、公明両党の責任は重大です。

「政治とカネ」に鈍感——安倍首相の重大な責任

二〇一二年十二月に第二次安倍内閣が発足して以来、「政治とカネ」をめぐる問題での閣僚の辞任は、甘利氏で四人目です。甘利氏に先立って辞任したのは、後援会の観劇会収支などの三億円を超す虚偽記載や政治資金でベビー用品などを購入していた小渕優子経済産業相（一四年十月二十日辞任）、名前入りの「うちわ」を作製し、選挙区内で配布した松島みどり法相（同）、国の補助金交付が決まっていた企業などからの献金が明らかになった西川公也農水相（一五年二月二十三日辞任）の三氏です。

〇六年に発足した第一次安倍内閣でも、佐田玄一郎行革担当相（政治資金収支報告書の虚偽記載）、松岡利勝農水相（議員会館を資金管理団体の「主たる事務所」にしながら「事務所費」に計上した疑惑）、赤城徳彦農水相（架空事務所費疑惑、経費二重計上問題）、遠藤武彦農水相（農業共済組合の補助金不正受給問題）など、「政治とカネ」の問題でドミノ倒しのように閣僚が辞任していきました。

安倍政権のもとで、こうした事態が相次ぐ背景には、「任命責任」を口にするものの、事実関係を明らかにせず、閣僚の辞任だけで幕引きを図ってきた安倍首相の姿勢があります。

たとえば、西川氏の場合、「本人の意思を尊重した。任命責任は私にあり、国民のみなさんにおわび申し上げたい」などとのべましたが、当の西川氏は「いくら説明をしても、わからない人にはわからない」などと完全に開き直り、みずからの説明責任を完全に放棄しました。

今回の甘利氏についても、疑惑発覚後、「重要な職務に引き続き邁進《まいしん》してもらいたい」とかばい立て、甘利氏の辞任表明後も「甘利氏は説明責任を果たした」「(甘利氏) みずからについて、違法なことは一切ない」などと擁護してきました。「任命責任」をいうのなら、安倍首相は、疑惑を徹底調査し、国民に対する説明責任をはたさせるとともに、みずからの責任も明確にする必要があります。

国民の政治不信のもとになっている「政治とカネ」についてのおごりともいえる鈍感さがあらわれています。それは、疑惑が国会で追及された閣僚をその後も自民党の人事などで重用するという形であらわれています。たとえば、政治団体の届け出をせず、巨額の政治資金集めをしていたとして刑事告発された首相の側近、下村博文文部科学相 (当時) です。

政治資金オンブズマンの告発状などによると、下村氏は、「東北博友会」「群馬博友会」「中部博友会」「近畿博友会」「中四国博友会」「九州・沖縄博友会」という政治資金規正法3条で定める「政治団体」をつくりながら、同法6条で定める届け出をせず、各団体の年会費名目で資金を集め、その一部を下村氏が支部長を務める「自民党東京都第11選挙区支部」に「寄付」として違法に処理したり、パーティーを開催して多額の資金を集めながら、その使途を隠蔽するという規正法に定める違反行為をおこなっていました。

「しんぶん赤旗」の調べによると、「東北博友会」など全国各地の任意の政治団体である「博友会」の中核的組織で、東京都選管に届け出をしている「博友会」（全国博友会）は、「全国合同博友会パーティー」「博友会セミナー」「講演会」などを開催し、集めたカネを〇八年～一三年だけで、「自民党東京都第11選挙区支部」に二千三百八十一万円、下村氏の資金管理団体「博文会」に二千九百五万円、計約五千三百万円も〝上納〟していました。

一五年三月十二日の衆院予算委員会で、下村氏自身が「秘書官が作ったもの」と認めた、二月十三日の「全国博友会幹事会」で配布された資料には、政治団体として届け出がある「博友会」と、届け出がない八つの地方「博友会」の「年会費納入状況（件）」「全国合同博友会パーティー（枚）」などが記されていました。

政治団体の届け出をせず、巨額なカネ集めをする――。こんなことがまかり通れば、政治家はいくらでも裏金を集めることができます。告発状が、「このような違法行為を長年継続してきた関係者には厳重に法的処罰を」と訴えているとおりです。

しかし、安倍首相は、一五年十月の内閣改造後、下村氏を総裁特別補佐にすえ、今回の再改造では幹事長代行に起用しています。「政治とカネ」の問題への反省のなさは重大です。

「政治とカネ」体質にメスを――企業・団体献金の禁止を

こうした事態を改めるには、政治をカネの力でゆがめ、政治腐敗の温床となってきた企業・団体献金の禁止に抜本的に取り組む必要があります。ところが、安倍首相は、政権復帰後、自民党への企業・団体献金が一・五倍に増えていることを指摘され、「（献金が）増えたのは、われわれの政策が評価された結果だ」などと開き直っています。

経団連は、一四年九月、政治献金の呼びかけを復活し、昨年十二月には、みずほフィナンシャルグループ（FG）、三菱UFJフィナンシャルグループ、三井住友フィナンシャルグループの三大メガバンクが、自民党への政治献金を十八年ぶりに再開することを決めました。全国銀行協会（全銀協、正会員百二十行）の佐藤康博会長（みずほFG社長）は、献金再開にあたって、記者会見（昨年十一月十九日）で「一つの政党に献金するのはどうなのか」とただされ、「その政党の持っている政策と、その政策が日本経済に与える影響、金融機関の立ち位置をしっかりと見極めて判断すべきだ」とのべ、あからさまな政策買収であることを隠しませんでした。

自民党は、大企業、財界の要求にこたえ、法人税減税、原発再稼働、TPP、武器輸出三原則の見直しなどの政策を推進していますが、犠牲、被害をこうむるのは、国民です。営利を目的とする企業が、個人をはるかに超える強大な財力、カネの力で政治に影響を与え、自己の利益をはかれば、政治は大企業、財界に向けたものになってしまいます。

安倍政権になって経団連との親密さを示す二つの人事がありました。一つは、経団連の政治委員長を経て、副会長も兼任した中村芳夫事務総長を一四年七月に内閣官房参与に任命したこと。もう一つは、経団連のなかで企業献金や永田町対策にあたってきた田中清専務理事が、自民党の企業献金集めの窓口、国民政治協会の代表理事常務・事務局長に一四年八月に就任したことです。

財界・大企業が求める政策の実行にひた走る安倍・自民党との癒着の構造にメスを入れるとともに、政治のゆがみをただし、あいつぐ「政治とカネ」、金権・腐敗事件を根絶するためにも、企業・団体献金の全面的な禁止が必要です。

（『前衛』２０１６年10月号）

Ⅳ

九電「やらせ」メール事件はなぜ起きたか

スクープ――九電「やらせ」メール

「九電が〝やらせ〟メール」「玄海原発再稼働求める投稿　関係会社に依頼」――。「しんぶん赤旗」は二〇一一年七月二日付で、関係者の証言や内部文書などにもとづき、九州電力の〝やらせ〟メールをスクープし、大きな反響を呼びました。九電玄海原子力発電所（佐賀県玄海町）2、3号機の運転再開、再稼働に向け、経済産業省が主催した佐賀県民への「説明番組」（説明会、六月二十六日）で、九電が関係会社の社員らに、運転再開を支持する文言の電子メールを番組に投稿するよう組織していたのです。

県民の率直な疑問や不安に答えるべき説明番組を、原発再稼働の容認のために、九電関係者の声で誘導しようとした許しがたい行為です。

なぜ、このような事件が起きたのか。本章では、その真相から原因を探ります。

九電は当初、「そのようなことは一切しておりません」と全面否定していました。しかし、四日後の七月六日、日本共産党の笠井亮衆院議員が国会で、「説明会の正当性が問われる妨害行為、世論誘導工作ではないか」と追及。菅直人首相が「大変けしからんことだ」と述べると、同日夜、急遽記者会見した九電の真部利応社長が一転して事実を認め、謝罪するという事態に発展しました。

この「しんぶん赤旗」のスクープは、原発再稼働に向けた「説明会」の〝正当性〟を厳しく問い直すものとなりました。

七月十四日、九電は、真部社長が記者会見して、〝やらせ〟メール問題についての社内調査結果を公表しました。これによると、説明番組の前の六月二十一日、原発担当副社長だった段上守氏と原子力発電本部長(常務)、佐賀支店長の同社幹部三人が相談し、「発電再開に賛成する意見の投稿を増やすことが必要である」との認識で一致。段上副社長、本部長から、賛意の参加者を増やすために「説明番組の周知」をするよう指示を受けた原子力発電本部の部長は、同本部の課長に「再開に向けた理解が進むよう協力しろ」と指示しました。

これを受けた課長は、社内の一部と子会社四社に対し、「再開容認の一国民の立場から、真摯に、かつ県民の共感を得るような意見や質問を発信」するよう指示するメールを送信したといいます。

一方、佐賀支店長は支店幹部に具体的な対策をとるよう指示。支店幹部は、みずから訪問することも含め、取引先二十六社と顧客五社にメールの送信を依頼しました。

まさに会社ぐるみ、組織ぐるみの「やらせ」行為です。この結果、子会社社員ら二三〇〇人以上がメールを閲覧し、百四十一人が「再開賛成」の意見を投稿したのです。

番組に寄せられた意見（メールとファクス）は「賛成」二百八十六件、「反対」百六十三件でしたから、〝やらせ〟指示による投稿がなければ、「反対」が「賛成」を上回っていました。九電によって、「再開賛成」の世論が「捏造」されたことになります。

しかも重大なことは、佐賀支店が取引会社に投稿を依頼する際に、二十六社のうち、二十三社に詳細な事例文を持参していたことです。

「日本全体のことを考え、九州を含む西日本が元気を出して、生産や経済を回さなければならない中、電力不足は絶対にあってはならない」「電力が不足していては、今までのような文化的生活が営めないですし、夏の『熱中症』も大変に心配」「（太陽光や風力発電などの再生可能エネルギーは）代替の電源と成り得ることは到底無理。当面は原子力発電に頼らざるを得ない」――といったものです。

九電の「やらせ」メール事件は、「やらせ」をやらなければ、原発の安全性の説明ができないということ、裏を返せば原発が危険なものだということを自認するに等しいことを浮き彫りにしました。

「安全」より「再稼働」

九電の玄海原発は、政府が、東電福島第一原発事故後、全国の原発再稼働の突破口にしようとするものでした。

「やらせ」発覚後、九電幹部に会った自民党関係者によると、九電幹部は、「共産党と『赤旗』にやられた」と話していたといいます。

菅直人内閣（当時）は、三月三十日に各電力会社などに対して「緊急安全対策」を指示、六月七日には「シビアアクシデント（過酷事故）対策」を追加指示しました。海江田万里経済産業相は六月十八日に、これが「適切に実施されていることを確認した」として定期検査等で停止中の「原子力発電所の再起動」を地元自治体に求め、菅首相も翌十九日、「きちんと安全性が確認されたものは稼働していく」と述べました。

この延長線上に、同月末、海江田経産相が、佐賀県を訪問、知事と玄海町長の運転再開への合意取り付けというスケジュールがあったのです。

しかし、政府が指示した「緊急安全対策」に関していえば、「短期対策」としてあげた「電源車の配置」や「浸水対策」などがとられただけです。みずから「中期対策」として求めた「防潮堤、防潮壁整備」や「非常用発電機等の設置」などについては、各電力会社に計画を出させただけで、なんの対策もとられていません。

追加された「シビアアクシデント対策」で掲げる「水素爆発防止対策」の内容も、万が一のさいに原子炉建屋に穴を開けるドリルを備えておくという程度の姑息なものです。

政府が国際原子力機関（ＩＡＥＡ）への報告書で福島第一原発事故の「教訓」（二十八項目）としてあげた「地震対策の強化」や過酷事故の際の住民の避難対策もまったくとられてお

らず、「原発の安全性が確保された」などとは、到底いえない状況です。

にもかかわらず、「安全」より「再稼働」という姿勢で、玄海原発の再開をにらんで経済産業省が佐賀市で開いたのが、九電「やらせ」メール事件の舞台となった六月二十六日の「説明会」でした。

きっかけは佐賀県知事の発言

その後、九電「やらせ」メール事件が、佐賀県の古川康知事の発言をきっかけに起きたことは、九電が原因究明のために設けた「第三者委員会」の最終報告（九月三十日）で認定されました。

番組五日前の六月二十一日午前、九電の段上守副社長（当時）ら三人が退任あいさつのため、知事公舎を訪問。玄海原発2、3号機の再稼働をめぐる情勢について意見交換しました。

このときの知事発言について九電佐賀支店長がメモを作成。その全文が、八月九日の佐賀県議会原子力安全対策等特別委員会で公表されましたが、驚くべき内容です。

これによると、古川知事は「発電再開に向けた動きを一つ一つ丁寧にやっていくことが肝要である」と述べ、「国主催の県民向け説明会」の際に、「発電再開容認の立場からも、ネットを通じて意見や質問を出してほしい」と九電幹部に依頼していたのです。

さらに「おおかた再起動の必要性について分かっているが、選挙を通じて寄せられた不安の声に乗っかって発言している」自民党系の県議には、「支持者からの声がもっとも影響力が大きいと思うので、いろいろなルートで議員への働きかけをするよう支持者にお願いしていただきたい」と、政治家への働きかけまで頼んでいました。

メモは、知事との面会を終えた佐賀支店長が段上氏の指示でまとめたもので、そのメモが本社課長級社員を通じて、社内約百人に、説明番組への投稿を要請するメールに添付される形で送られました。メモには知事の意向として「ネットを通じて賛成の意見をもっと出してもらいたい」と書かれていました。

知事の九電幹部への発言は、知事の職責への自覚がなく、逸脱した行為です。

古川知事は、説明会後の六月二十九日、県庁を訪れ、運転再開への理解を求めた海江田経産相に対し、国の原発安全対策に理解を示し、「安全性はクリアされたと考える」と述べ、再稼働を容認する意向を示しました。

「やらせ」メールが発覚しなければ、どうなったか――。県議会での議論を踏まえ、知事が七月上旬に最終判断すれば、発電開始から二週間程度でフル出力に達するので、電力需要がピークを迎える八月下旬までに間に合うという国、九電が描いた日程どおりとなったことでしょう。

ここで注目されるのは、古川知事の政治団体「康友会」と「古川康後援会」が〇六年から〇九年までの間、九電の歴代佐賀支店長ら幹部から計四十二万円の個人献金を受け取っていたことです。九電は、康友会の資金集めパーティのパーティ券を〇八年、一〇年に購入していたことも明らかになりました。

佐賀県は、説明会の当日朝、日本共産党の武藤明美県議から、「やらせ」メールを指示する文書の存在を伝えられたにもかかわらず、事実関係を確認せず、番組を進めました。九電からのカネが知事の政策判断に影響を与えたことはなかったのか――。原発立地県の知事としての政治姿勢が問われています。

九電だけではなかった

経済産業省資源エネルギー庁は、九電「やらせ」メール事件の発覚を受けて、各電力会社に「同様の働きかけの有無」について調査を求め、各社が七月二十九日にその調査結果を公表しました。調査対象は過去五年に開かれた国主催のシンポジウムや住民説明会で、関西、北陸電力などは含まれていないという不十分なものでしたが、「やらせ」は九電だけでなかったことが明らかになりました。

また、原子力の規制機関であるべき経産省原子力安全・保安院が、原発推進の「やらせ」質問の工作を指示していたという驚くべき事実までわかりました。

中部電力は、〇七年八月に静岡県御前崎市で開かれた浜岡原発4号機のプルサーマル発電のシンポジウムを前に、保安院から、「質問が反対一色にならないよう、（容認の立場から の）質問書を作成し、地元の方に質問していただくよう」に、という指示を受けていたのです。

中電は、「やらせ」質問の文案を作成したものの、「コンプライアンス（法令順守）上、問題がある」として、指示を拒否したといいます。しかし、保安院の指示には「空席が目立たないように、シンポジウムの参加者を集めること」も含まれており、中電は社員、請負会社、地元に動員をかけていました。

同シンポに、プルサーマルに反対する立場からパネリストとして参加した元中央大学教授の舘野淳さんは、「中立であるべき保安院が賛成派を組織していたとは、存在理由が疑われる事態です」「原子力のシンポジウムはすべて、そうした演出でお膳立てをして形だけのアリバイづくりをしていたのかとみられても仕方がない。原子力規制のあり方が問われている」(「しんぶん赤旗」二〇一一年七月三十日付)と話しています。

四国電力は、〇六年六月に開かれた伊方原発3号機のプルサーマル計画についてのシンポジウムで、同社や関連企業の社員、老人クラブなどの地域団体に質問・意見を要請し、発言した十五人中、十人は四国電力が依頼した人だったと発表しました。

調査結果には、参加者に対して「質問や意見については、本人に例文のメモを見せて、内容了解のもと、お願いした」とあり、「専門用語が多く理解しにくいところもあるが、プルサーマルはプルトニウムの特性や性質をきちんと把握して行うとのことなので安心した」などの発言の例文を明らかにしています。

実際、同社の要請で発言した十人のうち、七人が同社作成の発言メモに沿った発言をしていました。うち四人がメモの丸読みに近い状態でした。

公正であるべき説明会が、四国電力の〝台本〟による〝茶番劇〟だったことが浮き彫りになりました。

中国電力は二〇一〇年の島根原発の保守管理の不備についての住民説明会で、地域で原発やプルサーマルに理解ある人に質問や要望を出すよう依頼。〇九年の島根原発2号機のプルサーマル計画と耐震安全性の住民説明会では、社員とグループ企業、一部の協力会社、取引会社に参加を要請し、全参加者三百六十一人中、社員とグループ企業などが百八十人だったといいます。

九州電力は、〇五年十月の玄海原発プルサーマル稼働を企図した佐賀県玄海町でのシンポジウムで、社員と関連会社あわせて約二千二百人に参加を呼びかける動員を行い、発言を組織していました。同年十二月の佐賀県主催のプルサーマル公開討論会では、募集枠を超す参加申し込みのため抽選が行われ、参加総数の半数近くを関係社員が占めました。二〇一〇年五月の川内原発3号機増設に関する公開ヒアリングでも、三百三十七人が参加。また取引先の団体・個人の二十一人に、意見陳述人として応募するよう要請、うち十五人が意見陳述しています。

このほか、東北電力は、二〇一〇年一月に女川町で開催した「プルサーマルの必要性、安全性及び耐震バックチェックに関する住民説明会」で、社員、関連企業に電子メール、会議、電話や訪問で参加要請を行いました。

これらのことは、舘野氏が指摘するように、「やらせ」質問や参加動員が電力会社によって、常習的に行われていたことを示しています。

プルサーマル計画推進に躍起

このように、住民説明会における「やらせ」が常態化する背景には、何があるのでしょうか。

電力各社が経産省に提出、公表した「やらせ」・参加動員問題の調査結果報告書を見ると、当時、国・電力各社が計画どおり進まないプルサーマルを推進しようと躍起になっていたことが浮かび上がってきます。

プルサーマルとは、一般の商業用原発で使用済み核燃料を再処理して取り出したプルトニウムを含む燃料（MOX＝ウラン・プルトニウム混合酸化物燃料）を燃やすことです。プルトニウムは、ウランよりはるかに高い放射能を持つため、作業員の被曝量が増えることが懸念されるほか、事故で周辺に放出された場合、住民の健康に重大な影響を及ぼす恐れがあります。

このため、各原発でプルサーマル計画が明らかになると、周辺住民をはじめ、多くの人々から反対の声があがり、次々と中止に追い込まれました。

今回、明らかになった保安院の「プルサーマルシンポジウム」への介入や電力各社が参加動員をした時期は、二〇一〇年度までに十六〜十八基でプルサーマルを実施するとしながら、見通しがまったくたたないでいる時期でした。

加えて、中部電力浜岡原発4号機でのプルサーマルシンポが開かれたのは、〇七年七月十六日の新潟県中越沖地震で東京電力柏崎刈羽原発が大きな被害を受けた直後でした。浜岡原発は、マグニチュード（M）8級の巨大地震、東海地震の想定震源域の真上にあります。M6・8の中越沖地震でも大きな被害が出たのを目の当たりにした人々は、浜岡原発の耐震安全性に不安を募らせていました。

こうした時期に、保安院が、「やらせ」発言を組織してまで、プルサーマル実施を強引にすすめようとしたことは、許しがたい行為です。保安院が、みずから「原子力規制機関」の名に値しないことを認めたことにほかなりません。

「しんぶん赤旗」（二〇一一年九月十日付）は、プルサーマル計画を受け入れた自治体には「核燃料サイクル交付金」という巨額の見返りがあり、これらが自治体をも巻き込んで、「やらせ」までして住民合意を急ぐ背景にあることを暴露しました。経産省の露骨な政策誘導は許されません。

ふたたびスクープ——道主催のシンポでも

北海道電力泊原発（古宇郡泊村）3号機へのプルサーマル導入について住民意見を聞く〇八年十月の北海道主催のシンポジウムに、北電が社員に参加と推進意見を述べるよう社内通達を送っていた——。

「しんぶん赤旗」二〇一一年八月二十六日付のスクープは、国主催のシンポジウムに限定した経産省資源エネルギー庁の「やらせ」調査が、きわめて不十分なものであることを浮き彫りにしました。

北電は〇八年八月三十一日の国主催のプルサーマルシンポについては、経産省に「やらせはなかった」と報告していますが、同年十月十二日に岩内町で北海道と地元四町村主催で開かれた「プルサーマル計画に関する公開シンポジウム」で「やらせ」を指示していたのです。

「しんぶん赤旗」が入手した内部資料と関係者への取材によると、同月三日に北電泊事務所渉外課が送信したメールには、「プルサーマル計画を確実に進めるためにも、数多くの方にご参加いただき推進意見を提出していただければと思っております」と書いてあります。

送信記録によると、このメールは泊原発内の二十一の部署に送られていました。

泊原発へのプルサーマル導入をめぐっては、北電が〇八年四月に、道や地元四町村に事前協議を申し入れました。以降、経産省や道、北電がそれぞれ主催する説明会が、地元自治体を中心に行われました。

問題のシンポは、一連の住民向け説明会の最後。主催者の案内などによると、シンポでの意見は、道などがつくる有識者検討会議に反映するとしていました。

会場では、反対意見が多く、さらに発言を希望している人が多数あったにもかかわらず、打ち切って閉会。後日、道が集計したアンケートでは、「疑問を十分取り上げられたか」という質問に「そう感じる」「だいたい、そう感じる」という回答があわせて五一％にのぼっており、五日後の十月十七日、道は「広く道民から意見を聞く狙いは一定程度、達成できた」として、市民団体の再開催の要求を聞き入れませんでした。

プルサーマルの安全性を住民の目で検証するはずのシンポが、北電と北海道の共同で、形式的なセレモニーの場に利用されてしまったのです。

北電では、十二年前の一九九九年にも泊原発3号機の増設をめぐる道主催の意見聴取会で、社員らの動員を求め、道の意見募集でも賛成意見を送るよう指示していたことが判明しています。

このときも道民の強い批判にさらされましたが、その後も「やらせ」の体質が続いていたことになります。

北電は、八月三十一日になって、〇八年八月の国主催のプルサーマルシンポで、「社員に出席を要請する内容の文書が見つかった」と一転して「やらせ」の事実を認め、常務が謝罪しましたが、七月二十九日の国への報告では「やらせ」はなかったとしており、一ヵ月以上にわたって道民と国民をだましてきたことになります。泊原発の存在自体が「つくられた世論」による「偽りの存在」といわざるをえません。

高橋はるみ道知事は、プルサーマル計画の受け入れを表明していますが、これを撤回し、3号機の営業運転も中止すべきです。

「やらせ」を保安院が指示

「赤旗」の九電「やらせ」メールのスクープをきっかけに、国が開いた原発をめぐるシンポジウムで、国（原子力安全・保安院）が関与していた疑いが明らかになったことにともない、経産省の第三者調査委員会（委員長＝大泉隆史・元大阪高検検事長）が設置されました。

同調査委員会は二〇一一年八月三十日に中間報告をまとめ、発表しましたが、これまでに明らかになっていた中部電力のほか、九州電力、四国電力のシンポでも保安院が「やらせ」に関与していたと認定。さらに、東北電力、九州電力の計五件の説明会などで動員や発言指示があった疑いがあることがわかりました。

これによると、九電のシンポ担当者は、〇五年十月の玄海原発プルサーマルシンポの打ち合わせのために保安院を訪問。保安院原子力安全広報課のA課長は、シンポを成功裡に終わらせるため、「九州電力の関係者もどんどん参加して、意見をいいなさい」といい、動員と、参加して積極的に賛成意見を述べることを求めました。

九電の担当者が、この打ち合わせ後に作成したメモには、「九電関係者の動員、さくら質問等、（四角で囲んで）取り注でお願いする」と記載されていました。

〇六年六月に愛媛県伊方町での伊方原発プルサーマルシンポに向けて保安院を訪問した四国電力のシンポ担当者もA課長から、九電担当者と同様の〝助言〟を受けました。

A課長は、特定の内容の意見を表明することまでは示唆しなかったものの、「書面を読み上げてもいいし、発言要領を用意してもいい」などと、四国電力が発言要領を作成して関係者に発言させることを慫慂する発言を行ったといいます。

四国電力側のメモには、保安院側から「シンポのキーは『動員を確保すること』『会場での賛成派がうまく発言すること』『反対派の怒号をどう抑えるのか』である」という発言があったと記載されており、A課長が、かなり突っ込んだ発言をしていたことが浮かび上がりました。

四国電力は、保安院の〝助言〟どおり、質問・意見の参考例を書いたメモを作成。関係者二十九人に発言を依頼、シンポで発言した十五人のうち、十人が関係者でした。

中部電力は、〇七年八月の浜岡原発のプルサーマルシンポで、すでに保安院から「やらせ」指示があったことを明らかにしていますが、中間報告では、保安院原子力安全広報課の職員が中電の担当者に、①シンポ会場の空席が目立たないよう参加者を集めること、②反対派の質問のみとなることを避けるため、中電で質問文案を作成・配布して参加者に質問するよう依頼することなどを要請しました。

しかし、中電側がコンプライアンス（法令順守）の観点から拒否すると、保安院の職員は不満を示したといいます。

このほか、第三者調査委員会の中間報告が、国が関与した疑いがあるとしたのは、次の五件です。

①〇六年一〇月二十八日午前、石巻市で開催した女川原発の耐震安全性に関する住民説明会（東北電力）

②同日午後、女川町で開催した同住民説明会（東北電力）

③同月二十九日午後、石巻市で開催した同住民説明会（東北電力）

④二〇一〇年五月十八日開催の川内原発第一次公開ヒアリング（九州電力）

⑤二〇一一年六月二十六日に実施した玄海原発の佐賀県民向け説明番組（九州電力）

中間報告を受け、記者会見した保安院の深野弘行院長は、「地域の方々の意見が正しく表に出てこなかった可能性がある」と謝罪しました。

第三者調査委員会の最終報告（九月三十日）は、右の①～③について、保安院の関与を新たに認定、さらに〇八年八月の北海道電力泊原発のプルサーマル・シンポについて、資源エネルギー庁の原子力発電立地対策・広報室室長の関与も認定しました。

この結果、国の「やらせ」関与は七件となり、国と電力会社が一体となって「やらせ」を常態化していたことが浮き彫りになりました。

北海道電力のように「やらせ」を隠していた例もあり、国主催だけでなく、すべての原発をめぐる説明会、シンポジウムについて、「やらせ」による世論誘導がなかったか、徹底的に調査・検証することが求められています。

不正体質――最初の原発公聴会から

原発をめぐる一連の「やらせ」で浮かび上がったのは、原発推進派の不正体質です。原発「安全神話」をふりまき、根本的な欠陥を糊塗するため世論をゆがめる行為は、昨日今日のものではなく、全国で初めて行われた国主催の原発公聴会でも、当時の政権政党と一体となって、進められていました。

「しんぶん赤旗」（二〇一一年七月十六日付）は一面トップで次のような事実を報じました。東京電力福島第二原発（福島県楢葉町、富岡町）の建設をめぐって一九七三年九月十八日、日本初の原発公聴会が開かれました。

同原発の建設計画をめぐっては、安全性を心配する楢葉町の住民らが公聴会の開催を求める署名を集め、通商産業省（中曽根康弘大臣＝当時）に陳情。一ヵ月後、原子力委員会が公聴会の開催を通知してきました。

しかし、当時、公聴会開催を要求した一人で、原発の安全性を求める福島県連絡会代表の早川篤雄さんは、「安全性を心配する住民の気持ちを逆手にとって、推進の場に変えられた」と振り返ります。

公聴会での陳述希望者は官製はがきで応募する形ですが、実際に選ばれる陳述人は原子力委員会が選定します。陳述人は千四百四人の応募で、うち四十二人が指定されました。

しかし、公平な場のはずなのに、賛成意見二十七人、反対意見十三人と、推進派が圧倒的多数を占めました。賛成意見を述べたのは、町長、町議会議長、県議会議員、農業・漁業団体幹部、商工会会頭など地元の有力者です。

しかも、不可解なのは公聴会への傍聴希望者が一万六千百五十八人と、同町の人口（約七千人）の倍以上に達したことです。

早川さんは「外部から大量に応募させ、地元住民を締め出した。公聴会では知らない顔がたくさんいた」と証言します。

この公聴会のために「安全神話」をふりまいたのが、自民党機関紙「自由新報」でした。裏表二ページの「原発特集号」が公聴会一週間前、原発建設地域の新聞に折り込まれました。

「特集号」は、福島第一原発（大熊町、双葉町）の航空写真を大きく掲載し、「原発建設で双葉の未来を」との見出しで「関東大震災の三倍の地震がおきても、原子炉はこわれないようにつくられています」と安全性を強調しました。

さらに推進派は「明日の双葉地方をひらく会」という団体を結成。公聴会の直前に「結成記念講演会」を開催するため、「自由新報」やビラなどで大宣伝をしました。

福島第一原発事故のため、いわき市で避難生活をおくる早川さんは、「住民をごまかし、住民の声を無視して『安全神話』をふりまいた原発推進勢力の責任をきちんと追及する必要がある」と怒りを込めて話しています。

「安全神話」つくる癒着

今回の東電福島第一原発の未曽有の事故は、〝日本の原発は安全だ〟といって、国民に原発を押し付けてきた、これまでの原子力行政を厳しく問うものとなっています。詳しくは後の章でも述べますが、こうした「安全神話」を生み出したのは、原発推進の政官業癒着の構造であり、電力会社、原発メーカー、ゼネコン、資材メーカー、銀行で形成される原発利益共同体の存在です。

原子力を規制すべき経産省の原子力安全・保安院が、原発をめぐる住民説明会などで、

「やらせ」を主導してきたことが明らかになってきましたが、保安院を含む経産省幹部が、電力会社に多数、「天下り」しています。

日本共産党の塩川鉄也衆院議員の調べによると、経産省（旧通産省含む）幹部の電力会社への天下りは、東北電力、九州電力が各六人、北海道電力、東京電力、北陸電力、関西電力が各五人、沖縄電力四人、中部電力、中国電力、四国電力が各三人の計四十五人にのぼっていました。

しかも、東京電力の副社長ポストが経産省幹部の天下り「指定席」になっているなど、各電力ともほぼ切れ目なく、役員や顧問として「天下り」していました。

このうち、一九六二年五月、東電に取締役として天下りした石原武夫元通産事務次官は、官僚時代に「原子力局をつくれ」と主張し、「原子力行政のまとめ役」といわれた人物です。

塩川議員が国会で、監督官庁から、所管する電力業界への「天下り」は原発推進をめぐる癒着そのものだ、と厳しく追及したことを受け、政府は「天下り自粛」を指示し、石田徹前資源エネルギー庁長官が四月末で東電顧問を辞任しましたが、この石田氏も資源エネルギー庁の原子力広報推進企画官を務めるなど、「安全神話」を広めてきた経歴の持ち主です。

石田氏は、長官時代の二〇一〇年六月には、「二〇三〇年までに、少なくとも十四基以上の原子力発電所の増設を行なう」「設備利用率約九〇%をめざす」などの「エネルギー基本計画」を取りまとめています。

この原発新増設と原発設備利用率の向上は、電力会社の業界団体、電気事業連合会（電事連）が、エネルギー基本計画の見直しに向けて「国による積極的な取り組みも不可欠」と要求してきたものです。

このように電力業界の要求にこたえてきた官僚が、原発推進政策という「手土産」を持って電力会社に天下っていくという構図が日本のエネルギー政策をゆがめてきたといえます。

ちなみに、塩川議員の質問を受け、調査した経産省は二〇一一年五月二日、資源エネルギー庁や保安院を含めた経産省幹部の電力会社への天下りについて、過去五〇年で六十八人が各社の役員や顧問に就任していたと発表しました。

原発関連の財団法人などにも、経産省幹部が多数、天下りしています。

ホームページで「原子力の安全確保に取り組む専門家集団です」とうたっている独立行政法人「原子力安全基盤機構」の場合、理事長は資源エネルギー庁発電課長、科学技術庁原子力安全課長などを歴任した旧通産官僚。三人の理事のうち、二人は、保安院の企画調整課長と原子力安全基盤担当の審議官でした。

一九九五年のナトリウム火災事故以来、運転を停止している高速増殖炉「もんじゅ」を運営している独立行政法人「日本原子力研究開発機構」も、七人の理事のうち、三人が官僚OBです。

原発地域の振興策や原発見学会などに取り組む財団法人「電源地域振興センター」は会長が東電の清水正孝社長（当時）。理事長は、元中小企業庁長官で、理事には、元中部経済産業局電力・ガス事業北陸支局長らが名前を連ねています。

原発などの立地について「地域住民の理解促進や国民の合意形成を図るため」広報活動などを展開している財団法人「日本立地センター」の理事長は元通産省通産審議官、専務理事は元九州通産局長です。

このほかにも天下り先は、原発によって廃棄される使用済み核燃料の最終処分場の建設・管理など処分事業全般を行う「原子力発電環境整備機構」や、「日本原子力文化振興財団」「原子力安全技術センター」「原子力研究バックエンド推進センター」など、枚挙にいとまがありません。

献金――会社は自民、労組は民主に

被爆国であり、地震国でもある日本に、五十四基もの原発を推進してきたのは、歴代自民党政府です。電力業界と政治との関係も問われています。

電力業界は、かつて金融、鉄鋼とともに〝献金御三家〟といわれ、自民党側に一九六六年～七四年の間、十一億四千万円もの政治献金を行い、原発推進など、多大な影響力を発揮してきました。

石油ショック後の七四年以降、世論の批判の高まりのなか、企業としての献金をやめていますが、役員らの個人献金が自民党側に行われています。どの電力会社も会長、社長、副社長、常務など、職位ごとに献金額がランク付けされており、事実上の企業献金です。

関西消費者団体連絡懇談会が二〇〇六年～〇八年の三年分の政治資金収支報告書を調べたところ、原発のない沖縄電力をのぞく九電力会社の役員、のべ八百六十八人が、自民党の政治資金団体「国民政治協会」に計一億千七百三十一万六千円もの献金をしていました。〇九年の場合を調べてみると、東京電力の四十七人、計五百六十九万円など、原発のない沖縄電力をのぞく九電力の役員（ＯＢもふくむ）二百六人が二千七百九十一万五千円の献金を国民政治協会にしていました。これは、同協会の収支報告書に名前が記載される五万円以上の個人献金（自民党国会議員のぞく）のうち、人数にして五六・六％、金額にして六四・五％を占めるという突出ぶりです。

一方、原発を推進する電力会社の労働組合である電力総連（全国電力関連産業労働組合総連合）の政治団体「電力総連政治活動委員会」と、その関連政治団体は、民主党側に献金しています。〇七年〜〇九年の三年間で、民主党本部や、旧民社党の国会議員・地方議員でつくる政治団体「民社協会」のほか、判明しただけで十三人の民主党国会議員に献金やパーティー券、研修会費などで、計九千百三十五万円の資金提供をしています。

電力総連は、元東電労組副委員長の小林正夫前厚生労働政務官、元関西電力労連会長の藤原正司元参院経済産業委員長の両氏を組織内候補として民主党参院比例議員に連続当選させるなど、労組の「票とカネ」の力を背景に民主党に影響力を行使。民主党の原子力政策を、「過渡的エネルギーとして慎重に推進」（〇五年総選挙政策）から、原発の新増設や輸出を積極的に進める方向へと転回させるうえで大きな役割を果たしたとみられます。

民社協会幹部の直嶋正行元経産相が座長を務める同党の「成長戦略・経済対策プロジェクトチーム」は、二〇一一年七月二十八日、エネルギー政策に関する提言を政府に提出。

「安全性が確認された原発」については「着実に再稼働」させるよう求めています。

なぜ「やらせ」をスクープできたのか

東電福島第一原発が大地震と大津波で破壊された二〇一一年三月十一日、東電の勝俣恒久会長は、マスコミ関係者とともに北京を訪問中でした。「朝日」で経済部記者として電力、石油などの業界や財界、通産省などを担当した志村嘉一郎氏の『東電帝国　その失敗の本質』（文春新書、二〇一一年）によると、このグループの中国訪問は毎年、行われているようで、〇九年一〇月の「第九回愛華訪中団」という名簿によると、団長が勝俣氏で、東電、関西電力、中部電力の各原子力立地関係者、大手紙の専務主筆、相談役などがメンバーでした。

大手メディアは完全に電力業界にとりこまれている状況です。

大手メディアではなく、「赤旗」によるスクープ連発はなぜか――。いつでも権力と対峙して、不正を追及してきた日本共産党と「赤旗」への信頼があったからこそ、関係者の内部告発が寄せられたと考えています。

いくつかの新聞も情報を事前に入手し、九電にも確認をとっていたようですが、「赤旗」

が九州電力の「やらせ」メールをスクープしたとき、玄海原発の再稼働をめぐる説明会の〝正当性〟が問われる大問題だったにもかかわらず、大手紙は、これの後追いをしませんでした。国会で九電社長が謝罪して初めてとりあげるという体たらくです。

福島第一原発事故から約四ヵ月後の七月二日、東京・明治公園で二万人が参加した原発ゼロをめざす緊急行動や、同二十三日、静岡市で五千人が参加した浜岡原発永久停止・廃炉求める集会を、「朝日」や「毎日」は一行も報道しませんでした。

次章から見るように、アメリカの原子力戦略のもと、財界・大企業、政・官界、大手メディアなどが一体となった「原発利益共同体」の存在が、いま厳しく問われています。

V

中曽根元首相側近名義の国際航業株疑惑を洗う

――問われる政治的道義的責任

中曽根元首相の政治団体「山王経済研究会」元代表、太田英子氏名義による国際航業株疑惑が新年早々から飛び出しました。株の仕手集団、コーリン産業（現在、光進）グループの総帥、小谷光浩氏との相対取引で、わずか一カ月の間に約一億二千万円にのぼる巨額な売却益を手中にしたという朝日新聞の元日付スクープで明るみに出たもので、いまさらながら中曽根氏の金権・腐敗の底なしぶりを感じさせるに十分なニュースでした。

重大なことは、この株取引がおこなわれたのは、八七年八月から九月にかけてで、中曽根氏の首相在任中のものだということです。しかも、一年前には、リクルートコスモスの未公開株を太田英子氏ら三人の秘書名義で、最高の二万九千株贈られていました。いずれも、疑惑が明らかになると、「秘書がやったこと」ですまされているだけに、その政治的道義的責任は厳しく問われなければなりません。

この〝金まみれ〟の疑惑に包まれた中曽根元首相が「戦後政治の総決算」の名のもとにおこなったのは、公約違反の売上税の強行をはじめ、主権者国民の民意のじゅうりん、金権腐敗政治の横行、憲法違反の異常な軍拡、選挙制度のたびかさなる改悪による政治的民主主義の破壊など、自民党の独裁政治そのものでした。この独裁政治は、リクルートが、中曽根元首相はじめ、竹下元首相、安倍元幹事長、宮沢元蔵相ら政権中枢を買収したように、金で政治を買収することで維持、推進されてきました。

真の民主主義を確立し、国民本位の政治を実現するためにも、金権腐敗政治の一掃は国民的急務になっています。二月十八日投票でいま、たたかわれている総選挙では、金権腐敗政治の一掃が、消費税廃止、コメの輸入自由化阻止とともに重大争点になっています。日本共産党は、金権腐敗政治の大もとである企業・団体献金の禁止を主張しています。金権腐敗政治の一掃のためにも、中曽根元首相側近にかかわるこんどの新たな株疑惑の全容を明らかにすることは不可欠です。

一カ月の株操作で一億二千万円かせぐ仕組み

こんどの株疑惑の輪郭をとらえるうえで、まず、問題の株取引の一方の当事者であるコーリン産業グループの小谷光浩氏とは、どういう人物なのか、をみましょう。

小谷氏は、大卒後、大和証券（金融法人部）に勤めたりしたあと、一九七〇年に大阪市に不動産会社として「コーリン産業」を設立。五年間はクボタハウスの代理店をしていましたが、七五年、東京に本拠を移しました。

一躍、その名前が知られるようになったのは、八三年、中堅サラ金会社、ヤタガイクレジットが経営にゆきづまったときです。小谷氏は再建委員長になり、セントラルファイナンスやオリエントリースなどの債権を次々に買い上げ、肩代わりしたため、当時、「資金源は……」と注目を集めました。

その後、八四年の協栄産業（東証二部上場の三菱系エレクトロニクス商社）を手はじめに、蛇の目ミシン、小糸製作所、養命酒、飛島建設などの株を買いまくり、兜町では、「株仕手戦の怪人」「二千億からの資金を右から左に動かせる仕手本尊」などという〝尊称〟をつけられました。

問題になっている国際航業株買い占めは、仕手戦史上最高といわれる八百億円の金を動かしておこなわれたもので、東証一部上場会社で航空測量の最大手である同社の発行済み株式の過半数を支配し、経営権を奪取しました。

小谷氏は、山王経済研究会のメンバーでした。中曽根氏らと一緒にゴルフをしている写真が写真週刊誌に載ったこともあります。

インサイダー取引

では、太田英子氏と小谷氏の国際航業株の相対取引は、どのようにすすめられたのか。見逃せないのは、コーリン産業グループによる会社乗っ取り作戦の最中におこなわれた、ということです。

小谷氏が国際航業株の買い占めを始めたのは八七年六月ごろ。国際航業には、東京・新宿、三番町、五反田、仙台などの一等地にテナントビルを持ち、その家賃収入だけで約一千人の社員の人件費の半分がまかなえるといわれるほどの含み資産があります。小谷氏が国際航業を狙ったのは、この含み資産の大きさに目をつけたからだといわれています（『プレジデント』八九年二月号)。

また同社には、桝山健三会長と桝山明社長(いずれも当時)の親子の〝骨肉の争い〟に代表される社内紛争の火種が存在し、買収・乗っ取りされやすい条件も備えていました。

小谷氏の買い占めに気づいた桝山社長側は、同年七月から防戦買いをおこない、双方による激しい多数派工作がくり広げられました。その結果、五月に二千円台だった株価は、七月には四千円台になり、十月には七千円台を記録しました。

太田英子氏名義での株取引は、国際航業株が、ちょうどウナギ登りの最中におこなわれたのです。

くわしくみてみると、八七年八月二十二日付で、十万株が、一株五千百円、計五億一千万円で小谷氏から太田氏名義に売られ、その一ヵ月後の同年九月二十一日付で、今度は小谷氏が太田氏名義の十万株を一株六千三百円、計六億三千万円で買い戻しました。この取引の結果、有価証券取引税を除くと、太田氏側はわずか一ヵ月で、一億一千六百五十三万五千円の利益を得たことになります。

株仕手戦の当事者である小谷氏にとっては、「値上がり確実」の〝自作自演〟の株取引でした。実際、小谷氏自身、朝日記者とのインタビューで、「太田さんのほうから、『何かもうかるものはないかしら』」といわれたとして、「みつくろったのはこちらであることは間違いありません」と〝もうかる株〟をすすめたことを認めています（「朝日」一月一日付）。

これは、〝インサイダー取引〟そのものです。そもそも、太田氏は「山王経済研究会」の元代表兼会計責任者であり、株をあっせんした小谷氏も同研究会のメンバーです。しかも、八八年五月の証券取引法の「改正」で、国政調査権の行使などによって上場会社の未公表の重要事実を知り得る立場にある国会議員が、インサイダー取引の規制対象になっただけでなく、秘書も議員同様、規制対象となることが明らかにされています。

たとえば、大蔵省の角谷正彦証券局長は八八年八月三十一日、参院予算委員会での日本共産党の上田耕一郎副委員長の質問にたいして「議員秘書につきましても国会議員の補助者として行動する限りにおきましては同様な規制の対象になります」と答弁しています。

このとき、上田氏は「総理大臣はどうでしょうか」とただしましたが、角谷局長は「基本的には、特別公務員ではございますけれども、公務員としても最高の地位にあられる方でございますし、同時に国会議員であられますので、恐らく両方の立場の行為規制がかかってくるんだろうというふうに思います」と答えました。すべての情報が集中し、すべての行政に職務権限を発揮できる地位にある首相及び首相側近がその情報を利用して株に手をだせば、莫大な利益を得ることができるのは当然です。

しかも、問題の十万株の相対取引の時期は、国際航業が設立四十周年を期して二部上場から一部上場への〝格上げ〟(八七年九月二日)と重なっています。それだけに首相在任中の〝スーパーインサイダー取引〟としても重大な問題をはらんでいます。

さらに重大なことは、中曽根元首相サイドが、小谷氏の仕手戦に一ヵ月間、五億円余の軍資金を提供していたことになることです。

小谷氏が仕手戦の軍資金を集めていた例を紹介しましょう。八七年四月、小谷氏が手を染めた東洋電機製造の仕手戦で、静岡県内のゴルフ場経営者が、都内の若手経営者らに〝損はさせない〟ともちかけました。小谷氏も「作戦会議」に出席、すっかり信用した五十人以上が仕手戦に〝出資〟、約三十億円相当の株を買ったことがあります。結果は、ゴルフ場経営者だけがもうけたといわれ、若手経営者らは小谷氏がすすめる仕手戦に軍資金だけを提供した格好になりました(「読売」)。

今回の太田英子氏名義の株取引の違いは、軍資金を提供、確実に約一億二千万円の利ザヤを稼いでいたことです。

つじつまのあわぬ説明

朝日新聞に株取引の動かぬ証拠となる「有価証券取引書」をつきつけられて、中曽根元首相側は例によって「中曽根とは関係ない」と弁明に努めています。名義人の太田英子氏は姿をあらわさず、かわって「山王経済研究会」の代表世話人、神谷一雄「松久」社長が太田氏や小谷氏から事情を聞いたとして次のような釈明をしました。

①あくまでも太田さん個人の経済行為で、中曽根元首相側への献金ではない、②利益は太田さんが北海道檜山郡厚沢部《あっさぶ》町の原野五万九千平方層を切り開いて作る宗教関係の福祉施設の造成費などにあてた、③この土地は八五年四月に五百万円で購入したもので、地元の有限会社『橋爪工業』(橋爪勇社長)が造成している、④太田氏からは八七年十月十五日に銀行振り込みで三千万円、同年十二月二十一日に同様二千万円、同年十月と八八年一月十一日に現金で一千万円と三千万円の計九千万円が造成費として支払われた、⑤このほか、この福祉施設に安置するため、四国や高野山の古刹《こさつ》で大日如来など仏像九体を入手。売買ではなく〝上納金〟のような形で礼金に約二千三、四百万円を使い、残りを寺に寄進した——などです。

橋爪工業の橋爪社長も神谷氏の説明にあわせるように、三枚の領収書を示し、「造成工事などは八七年七月から開始、これまでの総工費は九千万円かかった」とのべています。

ところが、日本共産党の上田耕一郎副委員長が一月二十日、群馬県庁での記者会見でこの「神谷説明」をつき崩す重要な新事実を明らかにしました。

実は、日本共産党は、太田氏の「宗教関係の福祉施設」について、株取引以前の八七年五月二十一日に現地調査したことがあります。もちろん、当時は株取引など話題になっているはずもなく、「中曽根系の会社が北海道の原野を買い占めている。調べてほしい」という情報にもとづいて調べたものです。くわしい内容は、「赤旗」八七年六月七日付に「北海道の原野買い占め　中曽根ファミリーの不思議な計画」という記事になりましが、太田氏と神谷氏らが役員に名前を連ねた「ピクセスインターナショナル」という会社が「養護施設・養老院」を建てるという計画で調べてみたら、吹きさらしの〝お堂〟のようなものが建っていた、というものでした。

このとき、すでにブルドーザーやユンボ、ダンプカーが何台も入り、大がかりな造成工事がすすんでいました。お堂と住宅二棟（管理棟と太田英子氏の別荘）もすでに完成していました。中曽根元首相そっくりの「修業大師」や「大日如来」、不動明王など計五体の仏像も、お堂のなかに〝安置〟されていました。

日本共産党は、神谷氏が「株売却益は厚沢部町の宗教施設に使った」と説明したため、ことし一月十二、十三の両日、再度現地調査をおこないました。この結果、住宅建築を橋爪工業から下請けした厚沢部町の業者は八五年から八六年にかけて順次建設し、総額二千四、五百万円を、随時、橋爪氏から支払いを受けたと説明しました。厚沢部町当局の資料でも、管理棟は八五年十一月、別荘は八六年十月にそれぞれ完成し、NTTの資料でも電話線は八五年十一月にひかれていることが確認できました。

上田副委員長は記者会見の席上、二回の現地調査の写真を示しながら、「現地の工事は株売買の二年前の八五年から始められ、支払いも始まっていた。(神谷氏の説明は)二年間のタイム・ラグがある。まったく事実に反している。虚構にみちたものだ」ときびしく指摘しました。

この上田記者会見は、太田側の釈明の矛盾をつくものとして注目され、「『株取引前に造成進行』 国際航業株疑惑で共産調査 『差益で着手は虚構』指摘」(「朝日」)、「『株売却益と宗教施設建設結びつかぬ』 山王研元代表の株問題で共産党副委員長」(「毎日」)、「『中曽根元首相は株問題で釈明を』 共産党副委員長が会見」(「上毛」)、「『使途説明に矛盾』と、共産党が指摘」(「東京」)、「共産党が新事実公表　中曽根氏側近の株疑惑」(「産経」)など、各紙が報道しました。

これにたいして、神谷氏は「厚沢部の土地は八五年に太田さんが購入して以来、造成工事を始めていたことを、これまでも説明している。(株取引のあった)八七年秋以降工事が本格化したということだ。また、仏像なども四、五体は株取引以前からあり、取引以後九体を新たに購入、これに株の差益の一部を充てたことも、前から説明している。共産党の発表は、これらの事実関係を十分掌握していないのではないか」などと〝反論〟を試みました。

ところが、この〝反論〟には、ごまかしやすりかえがあり、疑惑をいっそう深めるものとなりました。たとえば、八七年五月の調査時点で、ダンプカーが林道をわが物顔でぶっ飛ばし、隣接した国有林を管理する檜山営林署が「いまのところ、(国有林の)侵害、損傷はないが、財産管理者として注目している。損傷されたら、徹底的にやる」と神経をとがらすほどでした。敷地内にある「中山の沢」という小さな川にもブルドーザーが入り、流路に手を加えており、地元の人たちが「河川法違反ではないか」と気をもむほどでした。この時点で造成工事はあらかたすんでいた、といってもいいすぎではありません。「八七年秋以降、本格化した」というのは、事実と大きくかけ離れています。

しかも、八七年は十一月二十四日、吹雪で根雪になったのをはじめ、降雪が相次ぎ、別表のように十二月上旬には、工事中止になってしまいました。八八年に入って、雪がとけても工事は再開されず、同年六月十八日、リクルート事件が発覚すると、そのまま再開されませんでした。「八七年秋以降、本格化した」といっても、わずか五ヵ月たらずの工事だったことになります。

仏像の件でも、「四、五体は株取引以前からあった」という説明はこれまでの報道になく、とってつけた感をまぬがれないものです。「四国や高野山の古刹で大日如来など仏像九体を入手」（「読売」一月七日付）などと神谷氏が唯一、具体名をあげていた「大日如来」は、八七年五月の調査時点で、すでにお堂に安置されていました。

神谷氏の〝反論〟は、かえって疑惑を深めるだけでした。

ついでにいうならば、造成工事にあたった橋爪工業（資本金三百万円）は七九年三月二十日、「一般の土木」として建設業法の営業許可を得ていましたが、八五年三月に更新手続きをおこなわず、同年三月二十日付で許可が抹消されています。無許可のまま、九千万円にのぼる造成工事を請け負っていたことになり、現在、北海道渡島支庁では、橋爪社長に出頭を求めるなど、調査中とのことです。

太田英子氏にかかわる「福祉施設」建設経過概要

＊は中曽根元首相側、橋爪工業の説明

85年２月25日	国土利用計画法にもとづく土地売買の届出
３月20日	橋爪工業の建設業許可抹消、更新せず
４月	太田英子氏が土地購入
８月	ピクセスインターナショナル設立（太田氏が役員）
11月	住宅（管理棟）完成　電話線架設
86年（４､５月）	桧山支庁職員が「ピクセスインターナショナル株式会社養護施設・養老院予定地　太田英子」の看板確認
10月	別荘完成
87年５月21日	日本共産党が現地調査（お堂､住宅、別荘など完成、お堂内に五体の仏像を確認）
＊７月	本格的な工事開始
８月22日	太田氏、コーリン産業の小谷代表から相対取引で株購入
９月２日	国際航業が東証２部から１部上場へ
９月21日	太田氏、株売却し約１億2000万円得る
＊10月15日	3000万円銀行振込
＊10月	1000万円現金で
12月上旬	（冬季は雪のため工事中止）
＊12月21日	2000万円銀行振込
88年	
＊１月11日	3000万円現金で
春	工事再開せず
６月18日	リクルート事件発覚

ヤミ献金ではないのか

株の差益が実際に工事代金にふりあてられたものなのか、それとも別の金なのか、きわめて証明力に乏しく、矛盾をはらんだ弁明である以上、太田氏が株取引に用意した五億一千万円の原資の出所自体、疑わしいものとなっています。いまのところ、「国際航業株を担保に借りた」というだけで、どこの金融機関なのか、その出所はいっさい明らかにされておらず、疑惑を重ねざるを得ない結果になっています。

むしろ、この株取引の動機が「最初に政治献金ありき」ではなかったのか、という疑惑が出ています。一年前の八六年九月、太田氏を含め、多くの政治家が本人名義、秘書名義、長男名義、二女名義などの違いはあれ、リクルート社から関連会社のファイナンスのあっせんまで受けて「値上がり確実」のリクルートコスモス未公開株をもらい、一カ月後にいっせい売却、ぬれ手でアワの大もうけをしていた例にならえば、太田氏が株取引で元手を準備する必要はありません。

報道によれば専門家の鑑定では、約一カ月間の期日をはさんで譲渡と売却の二通りの契約書、取引書にある太田氏の署名は日数のへだたりを感じさせないほど、きわめて似ており、契約書類の作成はあとから一括しておこなわれた形式的なものではないか、という疑問が提示されています。だとすると、小谷氏が決済日付の書類操作で一億二千万円をはじきだした錬金術ではないのか、という見方が当然出てきます。

では、小谷氏のメリットはなんだったのか。

東京タイムズ取材班がリポートをまとめた『兜町の懲りない面々』(ベストブック刊)の次の一節は、それを考えるうえで示唆に富んでいます。

「とにかく五九年(注一九八四年)、中曽根前首相の厚誼を得て彼の政治団体・山王経済研究会に入会した前後の小谷は得意満面だった。『中曽根さんの知人』と周囲からもてはやされ、株の売買は大手の野村、大和、準大手の三洋が快く引き受けたばかりか、その資金も手を替え品を替え、三井信託、日本リース、住友生命、阪神ファイナンスなど、名の通った金融機関が積極的に支援した」

小谷氏にとって、時の「首相」という最高権力者の後ろだてほど心強い味方はなかったでしょう。八百億円も動かせた小谷にしてみれば、一億二千万円などとるに足らない金であったであろうことは想像に難くありません。

仕手戦や「乗っ取り」にからむ国会議員

政治家が政治資金集めのために株売買をすることは、誠備事件、投資ジャーナル事件などにみるまでもなく政界の常識になっています。明電工事件では、公明党の矢野前委員長の仕手株取引が明らかになりました。

元環境庁長官の疑惑

今回の国際航業株では、中曽根派で中曽根内閣の環境庁長官だった稲村利幸前衆院議員（栃木2区）が長官在任中に、秘書などの名義で仕手戦に投資、約十億円の差益を得ていたことも太田名義株疑惑を増幅させています。

稲村氏の場合は、長官在任中の八七年初夏以降、多数の秘書、知人、関係団体職員名義などで国際航業株を大量に買い集め、数カ月後、株価が急騰したところで、一部、コーリン側に直接引き取らせたのを含めて、売り抜け、約十億円の株売却益を得たと報道されています。太田英子氏名義の株取引がおこなわれた時期と重なり、コーリングループの仕手戦に便乗して、もうけたわけです。

このことを詳しく報じた「読売」八九年五月二十二日付によると、稲村氏は「企業献金をもらうよりは、株の運用で政治活動費を作るほうが利権に絡まないし、皆さんに迷惑をかけないという僕の一つの考え方で、政治団体の責任者でもある義弟にまかせて株の運用をしてきた」と、株取引での錬金術を隠そうとしません。「就任直後に、長官室に証券マンが盛んに出入りし、同庁の官房が『株売買は議員会館でお願いします』と申し入れたことがある」(「読売」八九年五月二十四日付)と書かれるほどです。

稲村氏の株取引で問題なのは、会社乗っ取りを目的とする小谷氏の株買い占めの片棒をかつぐに等しい行為だったという点です。さらに小谷氏から株買い占めの〝内部情報〟を得る形で、国際航業株を買い集めて売り抜け、売却益十六億円を隠していたことが、東京国税局の査察で判明、脱税の所得法違反で東京地検特捜部に告発された小谷氏の主治医Y氏と共同口座まで設けて、〝二人三脚〟で仕手戦に投資していました。Y氏は、稲村氏が長官当時、ひんぱんに長官室に出入りし、国連環境特別委員会(WCED)東京会合について打ち合わせる長官の海外出張(八六年、オスロ、パリ)や国連環境計画(UNEP)理事会出席のための出張(八七年、ナイロビ、ジュネーブ、パリ)に「私設秘書」として同行したりしています。Y氏を通しての現職閣僚の〝インサイダー取引〟そのもので、その政治的道義的責任は厳しく問われなければなりません。

政調会長の疑惑

三塚博政調会長（宮城1区）と小谷氏との関係も追及されなくてはなりません。同氏は、太田氏名義の株取引と同じ時期の八七年八月七日、国際航業株四三％を買い占めて「乗っ取り」をねらう小谷氏と国際航業・桝山明社長（当時）との会社共同経営にかんする「覚書」調印に立ち合い、書面に署名しています。三塚氏は、このとき、中曽根内閣の運輸大臣を務めあげたばかりで、運輸族の〝大ボス〟。官公需が圧倒的に多く、航空測量など運輸省と関係のある企業だけに、国際航業にとって不利な内容の「覚書」であったにもかかわらず、桝山氏は調印してしまいました。この経緯について、桝山氏は「調印は全くの抜き打ちだった。細かい点を詰める時に抵抗することもできるし、代議士の顔をつぶせないと思い署名した。非常にひきょうなことをすると思った」（「朝日」八八年三月十日付夕刊）とふり返っています。

三塚氏の立ち会いは、政治的圧力といわざるを得ず、三塚氏は小谷氏の会社乗っ取りに

〃手を貸した〃に等しい自分の行為の詳細を明らかにする責任を負っています。

さる一月九日、「三塚政調会長が逮捕されるらしい」「すでに逮捕された」などという怪情報が兜町をかけめぐり、一時、東証平均株価が五百六十五円も下落したことも、この問題が背景にあるとされています。

真相を明らかにする責任がある

中曽根元首相は、今回の株疑惑を報道した「朝日」と「日刊ゲンダイ」を「虚偽の事実を掲載し、名誉を棄損した」として、謝罪広告の掲載を求める裁判を起こしました。しかし、時の首相が負うべき政治的道義的責任は誰よりも重いはずです。みずからの内閣のなかから運輸相だった三塚氏が、〃乗っ取り劇〃に関与し、環境庁長官が十億円の差益を得たわけですから、なおさらです。

しかも、リクルート疑惑では、起訴された元官房長官、藤波孝生被告や、前公明党副書記長、池田克也被告はもとより、「値上がり確実なワイロ株」をだれよりも多い最高の二万九千株も贈られています。本来ならば、首相の座を汚したとして、国民に深く謝罪して、政界から引退してしかるべき立場にあるにもかかわらず、「秘書がやった」として、政界にとどまり、疑惑を提示されたことを逆うらみして、告訴の挙に出るなど、それだけでも政治家として資格が問われて当然ではないでしょうか。

あくまでも、「太田個人がやったこと」というならば、五億円の出所をこそ、明らかにさせるべきです。真相を語る責任があります。

《殖産住宅株事件と中曽根氏》

中曽根氏には、株でカネを作るという前歴があります。七三年に東京地検が摘発した殖産住宅事件では、同社の株式公開を利用して政治資金を作ることを友人である殖産住宅・東郷民安社長（当時）に持ちかけていたことが、はっきりしています。東郷氏の著書『罠《わな》—殖産住宅事件の真実』（講談社）には、「中曽根のささやき」として、その模様がリアルに書かれています。

七二年三月九日、東京・赤坂の料亭「一条」で開かれた「木部佳昭代議士（当時経済企画庁政務次官、元建設大臣、静岡2区）を励ます会」でのこと。木部代議士とはとくに付き合いがなく、出席する義理もないので、断わったのに、「中曽根先生もご出席されるし、久しぶりにぜひ会いたいとおっしゃっておられますので、たとえわずかな時間でもお顔を出してくださいませんか」と重ねて出席を要請され、渋しぶ出かけていくと、中曽根氏の隣に引っぱられるように連れていかれたといいます。（以下引用）

会がはじまり、中曽根や木部代議士の挨拶が終わってまもなくのことだった。中曽根が、うしろに手をついて体をそらせるようにしながら、顔だけ私のほうに向けて、なにやら小声で話しかけてきた。

「今度、君の会社は株を公開するそうだね。その機会に、私にひと儲けさせてくれないか。実はいまは名前をいえないが、ある有力なスポンサーが金を出してくれるといっているから、それを使い、株式公開を利用して政治資金をつくりたいんだ。なんとか協力をしてくれないだろうか。ぜひ頼むよ」（前掲書115ページ）

東郷氏は株式公開を利用して政治資金を作るということが皆目見当がつかず、びっくりしたといいますが、中曽根氏は株の公開でもうける、とネライがはっきりしています。

その後、東郷氏は仕事に忙殺されて、この話の件を忘れていましたが、同年四月二十八日、赤坂の料亭「中川」で中曽根氏のために宴席をもうけたとき、ふたたび持ち出され、本気で殖産住宅の株式公開を利用して政治資金づくりをしようと考えていることを知りました。（以下引用）

宴もたけなわとなり、中曽根も非常に上機嫌で、得意の隠し芸などを披露するなどして、宴席は大いに盛り上がった。そして、そろそろお開きという時間になったとき、中曽根がトイレにでも立つような様子で席をはずし、手招きで私にもついてくるように合図を送ってきた。

そこで、急いで私も席をはずし、彼のあとを追った。すると、彼は、あたりをはばかるような小声で、私にいった。

「将来、俺はどうしても総裁選に出馬したいんだ。そうなると莫大な資金が必要になる。だから、このあいだ頼んだ資金づくりについて、ぜひとも協力をしてもらいたい。総裁選ともなると、二十五億円ぐらい準備しなければならないんだよ」（同117ページ）

結局、東郷氏は中曽根氏の政治資金として五億円をねん出し、中曽根氏にどうしようか、というと中曽根氏は「上和田の名で預金しておいてくれ」といったといいます。

「上和田」というのは、リクルート事件でも登場した上和田義彦元首相秘書官のことで、ここでも「秘書名義」です。

日本共産党は、中曽根氏が国民の前にことの真相と、政治的道義的責任を明らかにすることを要求するとともに、今後とも真相究明のために奮闘することを明らかにしています。

（「赤旗評論特集版」１９９０年2月12日号）

藤沢忠明（ふじさわ　ただあき）
1952年岐阜県生まれ。76年赤旗編集局に入り、社会部、関西総局、政治部、日曜版、東海北陸信越総局、編集センターなど。
現在、テレビ・ラジオ部。

検証《けんしょう》 政治《せいじ》とカネ
――「政治改革《せいじかいかく》」20年《ねん》は何《なん》だったのか

二〇一七年十月五日　第一刷発行

著　者　藤沢忠明
発行者　比留川洋
発行所　株式会社 本の泉社
〒113-0033
東京都文京区本郷二-二五-六
Tel　03（5800）8494
FAX　03（5800）5353
印　刷　音羽印刷 株式会社
製　本　株式会社 村上製本所

ISBN978-4-7807-1649-8 C0036 Printed in Japan